Holz
im Garten
und auf der Terrasse

Dietrich Engelhard

Holz
im Garten
und auf der Terrasse

Inhalt

Gartenholz

Kesseldruckimprägniertes Holz richtig einsetzen

Was bedeutet „kessel-druckimprägniert"?

An Holz als Material wird, wenn es im Garten für Mobiliar oder Bauten Verwendung findet, vor allem eine Bedingung gestellt: Es soll möglichst lange halten. Deshalb werden Einzelbauteile, Fertigelemente und Konstruktionshölzer für diesen Zweck heute fast ausschließlich nach einem speziellen Verfahren imprägniert. Unter der Bezeichnung „kessel-druckimprägniertes Holz" bieten der Holzhandel und Fachmärkte entsprechende, fertig bearbeitete Produkte an. Das Holz dafür, Kiefer oder Fichte, kommt aus europäischen Wäldern. Die Wirkstoffe der Imprägnierung, in Wasser gelöste Metallsalze, machen das Material für gefräßige Organismen im Boden, zum Beispiel für Bakterien, Pilze oder Insekten ungenießbar. Um das zu erreichen, muss die Imprägnierung tief in alle Holzflächen eindringen. Aus diesem Grund werden die bereits fertig auf Maß gearbeiteten, mit Zwischenräumen gestapelten Einzelteile in die großen, bis zu sechs Meter langen Kessel eingeschlossen. Der anschließend erzeugte Unterdruck saugt das Wasser förmlich aus den Randschichten der Holzflächen. Im zweiten Verfahrensschritt werden, jetzt mit Überdruck, die Wirkstoffe in die aufnahmebereite Holzstruktur gepresst, dort eingebunden und chemisch fixiert. Die Metallsalze für die Imprägnierung sind giftig. Nicht im Holz fixierte Rückstände könnten auch beim Menschen Schaden anrichten. Deshalb werden die Hölzer noch im Druckkessel gründlich gespült. Nach den einschlägigen Vorschriften darf nur klares Wasser auf der Oberfläche der imprägnierten Teile zurückbleiben.

Anerkannte Untersuchungsergebnisse besagen, dass man ohne Bedenken an der gebrauchsfertigen Holzoberfläche lecken könnte

Es genügt, wenn die Imprägnierung nur wenige Millimeter tief in die Randzonen eindringt. Die Verteilung in tieferen Schichten ist abhängig von der Holzstruktur und kaum beeinflussbar. Das wird erst sichtbar (nicht ganz so deutlich, wie in der Abbildung betont), wenn Luftsauerstoff und Feuchtigkeit lange auf frische Schnittflächen einwirken

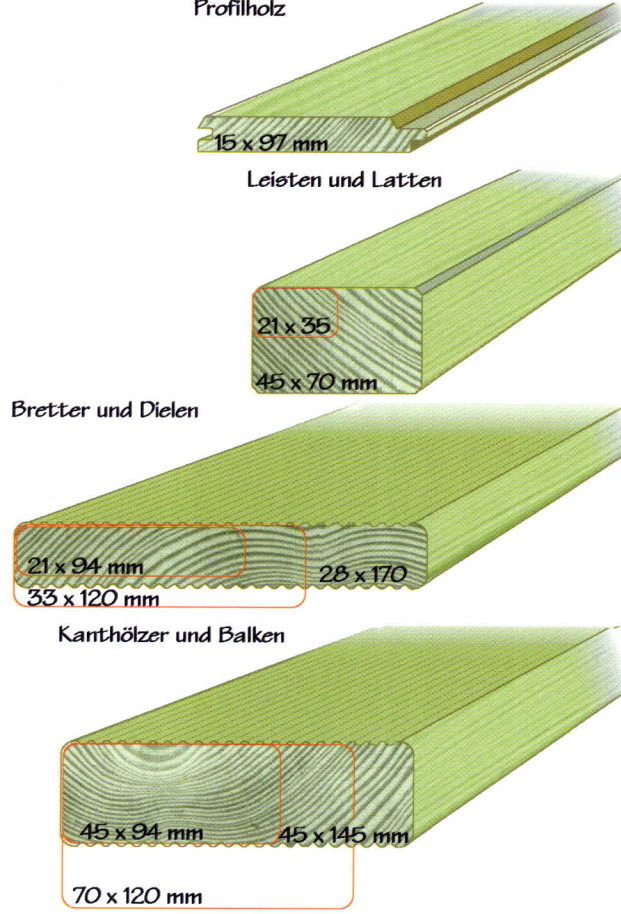

Profilholz

15 x 97 mm

Leisten und Latten

21 x 35

45 x 70 mm

Bretter und Dielen

21 x 94 mm

33 x 120 mm

28 x 170

Kanthölzer und Balken

45 x 94 mm

45 x 145 mm

70 x 120 mm

Angaben und Zeichnungen zu den Querschnitten erlauben den direkten Größenvergleich

stimmungen RG 411 der RAL-Gütegemeinschaft Imprägnierte Holzbauelemente.

Der Händler sollte Ihnen auf der Rechnung bestätigen können, dass seine Ware diesen Anforderungen genügt. Billigware, wie sie verstärkt aus osteuropäischen Quellen angeboten wird, kann diese Maßstäbe allenfalls ausnahmsweise erfüllen. Mängel zeigen sich meistens erst nach Ablauf der gesetzlichen Garantiefrist.

Der Kauf von hochwertiger Markenware, die ein Hersteller mit seinem Namen kennzeichnet, lohnt sich besonders bei diesem Produkt. Bezahlt wird an der Kasse nämlich nicht nur für die Art der Imprägnierung. Ein höherer Preis schlägt sich unter Umständen nämlich auch in handfesten Vorteilen nieder: Holzqualität, größere Materialdicken, saubere Oberflächenbearbeitung und ansprechendes Design sind Faktoren, die sich später in der Bearbeitung bemerkbar machen.

Der Begriff „kesseldruckimprägniert" ist jedoch noch keine Qualitätsgarantie. Wenn Sie sicher gehen wollen, dass die gekauften Bauteile auch nach Jahren noch ihren Zweck erfüllen, sollten Sie einer Empfehlung des Deutschen Holzschutzverbands folgen. Danach muss die Imprägnierung den Mindestanforderungen der DIN 68800 Teil 3, Gefahrenklasse 4 für Hölzer mit Erdkontakt genügen. Noch weitgehender sind die Be-

Blick auf den Umweltschutz

Imprägnierung, die auf besonders giftige Chromsalze verzichtet, ist zwar etwas teurer, belastet aber die Umwelt weniger. So sind chromfrei imprägnierte Hölzer, wie beispielsweise „Osmo-Gard"-Produkte, aber auch andere Handelsmarken, ebenso wirkungsvoll geschützt –

vorausgesetzt, die Imprägnierung entspricht den zuvor genannten Richtlinien.

Reststücke, die beim Selbermachen mit solchen Fertigteilen immer anfallen werden, aber auch verrottende Billig-Bauteile wandern nicht einfach in den Mülleimer. Verbrennen Sie auch nie kesseldruckimprägniertes Holz in eigenen Feuerstellen. Die dabei freigesetzten Schadstoffe schaden Ihnen und der Umwelt. Kesseldruckimprägnierte Hölzer müssen fachgerecht entsorgt werden. Sie gehören stets zu den Problemstoffen. Ihre zuständige Gemeindeverwaltung kann Ihnen Auskunft über Sammelstellen und Termine für Kleinmengen geben. Zum Teil wird das Material auch mit dem Sperrmüll entsorgt. Für größere Mengen sind private Entsorgungsbetriebe (siehe „Gelbe Seiten") zuständig.

Abmessungen und Oberflächen

Die hier in vergleichbarem Maßstab dargestellten Konstruktionshölzer entsprechen mit geringen Abweichungen den jeweils kleinsten und größten Standardabmessungen aller Anbieter.

Die für kesseldruckimprägnierte Hölzer typischen, teilweise geriffelten Oberflächen verringern die Rutschgefahr bei Algenbelag. Denn der lässt sich in feuchten Zonen oft

nur mit häufiger Reinigung vermeiden. Diese Profilierung lässt außerdem Sichtflächen einheitlicher erscheinen und bewirkt, dass dicht aufeinander liegende Oberflächen besser abtrocknen.

Standardlängen sind, in der Regel in 30-cm-Stufen, 240 bis 450 cm lang. In Einzelfällen können sie auch bis zu 510 cm lang sein

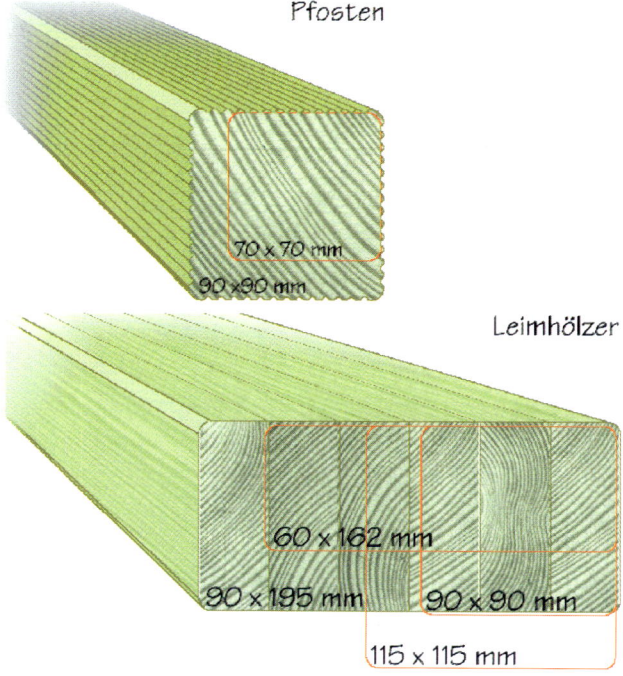

Pfosten

70 x 70 mm
90 x 90 mm

Leimhölzer

60 x 162 mm
90 x 195 mm   90 x 90 mm
115 x 115 mm

Massivholz und seine Verarbeitung

Brettseiten zu Gunsten optisch ansprechender Flächen ordnen

Auf der Stirnfläche eines Bretts zeigen sich die Jahresringe als Bögen. Die Brettfläche an der Innenseite der Bögen, also dem Stammkern (Mittelpunkt) zugewandt, wird als „rechte Seite" bezeichnet, die Brettfläche an der Außenseite der Bögen entsprechend als „linke Seite".

Flächen, die später genutzt werden, sei es für eine Sitzbank oder für einen Tisch.

Auf hohlen Brettflächen erzeugt flaches Streiflicht jedoch deutliche Schatten. Die Verformung wird ungünstig betont. Deshalb sollte man zum Beispiel für die Sichtfläche von Zaunlatten die rechte Brettseite verwenden. Ein Tipp am Rande: zwei Schrauben, im Abstand von 10 mm zur Brettkante eingedreht, können die Folgen

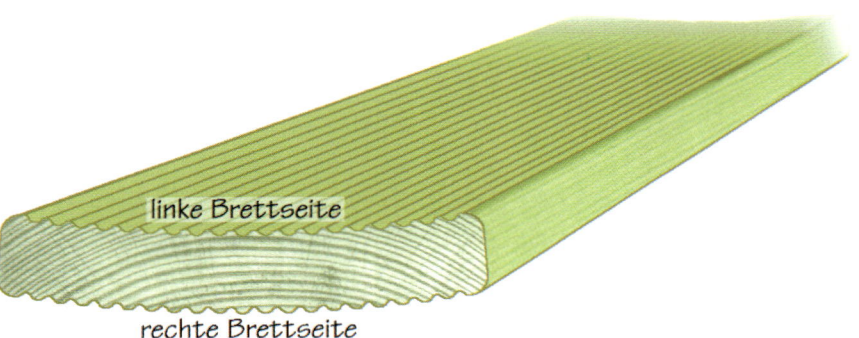

linke Brettseite

rechte Brettseite

Faustregel: rechte Brettseite als Sichtfläche bei senkrechter Verwendung, linke Brettseite als Nutzfläche bei waagerechter Verwendung

Wenn das Brett austrocknet, dann wölbt sich die rechte Seite, weil die dunkleren Jahresringe, das so genannte Spätholz, im Lauf der Zeit mehr schrumpfen und dabei größere Kräfte entfalten als das hellere Frühholz. Dem entsprechend wird die linke Seite hohl. Nimmt man im Außenbereich die linke Brettseite als Sichtfläche, zeigt sich zwar die Holzmaserung weniger ausgeprägt. Diese Seite weist jedoch meist weniger Risse oder sich lösende Späne (Spreißel) auf. Das hat Vorteile auf den

der Verformung an breiten Brettern etwas mildern.

Harzgallen sind bei Nadelhölzern so unvermeidbar wie die eingewachsenen Reste grober Äste. Beides kann man zum Teil durch entsprechende Auswahl beim Aufteilen im Abfall „verschwinden" lassen. Deshalb werden zuerst die größeren Längen aus dem saubersten Holz zu- und erst dann die kürzeren Längen herausgeschnitten. Auf diese Weise lässt sich auch eine unsaubere Holzsortierung ausgleichen. Sie sollten aus diesem Grund Mengenzuschläge von 5 bis 15 % einplanen. Verbleiben dann immer noch offene Harzgallen, lassen sich Ausflüsse mit Nitroverdünnung oder – umweltfreundlicher – mit Holzseife abwaschen.

Oberflächenbehandlung

Massives Holz passt sich zwangsläufig den teilweise beträchtlichen Schwankungen der Luftfeuchtigkeit an. Bei steigender Luftfeuchte wird Wasser in Form von Wasserdampf aufgenommen und bei sinkender Feuchte wieder abgegeben. Anstriche dürfen diese als „hygroskopisch" bezeichnete Eigenschaft nur wenig behindern. Deshalb müssen Anstrichfilme auf massivem Holz durch offene Poren für Wasserdampf durchlässig bleiben. Dabei handelt es sich um
● transparente, dekorative Lasuren,
● halbtransparente Anstriche,
● deckende Farben,
● Acryllacke.
Diese Anstriche mit Bindemitteln auf der Basis modifizierter Naturöle oder Acrylharze eignen sich besonders gut und sind zudem leicht zu verarbeiten. Bei der Wahl der Farbtöne sollte man folgende Gesichtspunkte beachten: Je dunkler der Farbton, umso schneller findet eine Erwärmung durch die Sonne statt; die Belastung durch Temperaturunterschiede verstärkt sich. Auf hellen Anstrichen dagegen machen sich Algenbewuchs sowie Schmutz durch Spritzwasser in Bodennähe sehr bald und vor allem unschön bemerkbar.

Schutzmaßnahmen bei der Bearbeitung

Schnittflächen sind bei Eigenanfertigungen nicht zu vermeiden. Dabei werden nichtimprägnierte Flächen freigelegt, die in jedem Fall mit einer farblosen Holzschutzimprägnierung behandelt werden müssen. Meistens geht es dabei aber um Stirnflächen, deren Hirnholz die Imprägnierung ohnehin gut aufsaugt, vor allem, wenn man die Zuschnitte kurze Zeit in die Imprägnierung stellen kann. Das Holz darf man erst nach dem Trocknen der Imprägnierung weiter verarbeiten.

Ursache für die typische grünliche Färbung ist Kupferoxyd aus der Imprägnierung, vergleichbar mit Grünspan auf bewittertem Kupferblech

Gesundheits-Tipp

Beim Zuschneiden oder Schleifen sollte man unbedingt vermeiden, dass Sägespäne in den Mund oder Schleifstaub in die Atemwege gelangen. Späne und Holzstaub lassen sich absaugen. Eine einfache Staubmaske vor Mund und Nase verhindert, dass metallsalzhaltiger Holzstaub eingeatmet wird. Anstelle von Schleifpapier sollte man besser spangebende Sandplate-Schleifwerkzeuge verwenden.

Aus einer Einwegspritze — je nach Riss mit oder ohne Kanüle verwendet — lässt sich die Imprägnierung gut und reichlich in die Öffnungen füllen

Vorsorge gegen Schäden

Die Imprägnierung dringt, je nach Dicke und Holzart der Fertigteile (Kiefer ist zum Beispiel aufnahmefähiger als Fichte), selten so tief ein, dass sie bis zum Kern reicht. Durch die Witterung kann es bei Holz noch nach langer Zeit zu Rissen und Spalten kommen. Das ist materialbedingt und kein Mangel. Solange Wasser auf der Oberfläche schnell ablaufen und das Holz trocknen kann, wird nichts passieren. Bei Rissen in der Oberfläche waagerecht verbauter Teile kann es jedoch dann zu Problemen kommen, wenn der Riss bis in nichtimprägnierte Schichten reicht und das Wasser nicht mehr verdunstet. Andauernde Nässe bietet ideale Lebensbedingungen für Ansiedlung und Wachstum von Bakterien und Pilzen. Insekten und Kerbtiere folgen schnell, und nach wenigen Jahren können auch dicke Balken ausgehöhlt und verrottet sein. Wo Zinkblech- oder Folienabdeckungen wenig sinnvoll sind, zum Beispiel auf Sattelbalken und Reitern einer Pergola, kann nur eine regelmäßige Inspektion vor Schäden bewahren. Entdeckt man dabei Risse, und seien sie noch so fein, sollte man die nächste trockene Wetterperiode nutzen, um die Schadstellen mit Holzschutzimprägnierung zu füllen.

Alternativen zum Gartenholz

Als völlig naturbelassenes Material bietet sich einfachstes, preiswertes Bauholz aus Fichte an, zum Beispiel Bretter für Betonschalung oder Gerüstdielen. Größerer Bearbeitungsaufwand und verkürzte Lebensdauer lassen sich bei diesem Material jedoch nicht vermeiden. Lärchenholz mit seinem hohen Harzanteil oder Rotzeder mit eingelagerten Mineralien sind von Natur aus besser gegen die Witterung geschützt. Im Holzfachhandel gibt es gehobelte Bretter aus diesen Hölzern aber meistens nur auf Bestellung.

Sehr witterungsbeständige Holzarten sind auch Akazie, Mahagoni, Teak und Irokko. Hochwertiges Material hat jedoch seinen Preis. Dem direkten Kontakt mit der Erde und den darin enthaltenen Lebewesen kann auf Dauer trotzdem kein biologisch gewachsenes Material widerstehen. Dass unbehandelte Oberflächen aller Holzarten durch das Tageslicht bald grau werden, muss nicht stören. Die natürliche, silbergraue Tönung fügt sich meist sogar harmonischer in die umgebende Natur ein als farbige Anstriche.

Verbindungen

Wetterbeständig verschraubte Konstruktionen

So erreicht man perfekte Verbindungen

Die Abbildungen in diesem Kapitel zeigen die häufigsten verschraubten Verbindungen. Bei den Bauvorschlägen auf den folgenden Seiten wurden sie ebenfalls verwendet. Dort sind sie in der Anwendung zu sehen

Mit Schrauben aus Stahl können Sie Hölzer, die im Freien der Witterung ausgesetzt sind, unkompliziert, sicher und dauerhaft verbinden. Sichtbare Nagelverbinder wirken dagegen meistens recht unbefriedigend. Die herkömmlichen Holzverbindungen wie Schlitz und Zapfen, Überblattung und ähnliche sind für unseren Zweck zu aufwändig – und ohne Schraube als Splint oder Dübel zudem nicht haltbar.

Für jeden Zweck die richtige Schraube

Für einfache Verbindungen sind Holzschrauben mit Kreuzschlitz im Senkkopf die Regel. Mit schlankem Kern und einem tiefen Gewinde bis unter den Kopf halten sie – richtig eingesetzt – besser als herkömmliche Holzschrauben. Optisch ansehnlicher ist nach wie vor die konventionelle Holzschraube mit Linsensenkkopf, polierter Oberfläche und sauber in Richtung der Holzmaserung ausgerichtetem Längsschlitz. Das ist jedoch im wahrsten Sinne des

Worts „Ansichtssache" und hat weniger mit der angestrebten Festigkeit einer geschraubten Verbindung zu tun.

Verbessern kann man die Festigkeit, indem man Scheiben unter Pan Head-(ähnlich: Halbrundkopf-Holzschrauben) oder Schlüsselschrauben mit Sechskantkopf legt. Übliche Unterlegscheiben sind für weiches Nadelholz allerdings zu klein. Die größeren, so genannten Nietscheiben sind besser geeignet. Für hochfeste Verbindungen soll-

Holzschrauben halten die zu verbindenden Teile dann dauerhaft zusammen, wenn sich das Gewinde wenigstens mit der halben Schraubenlänge in das untere Bauteil einschneiden kann. Für alle Situationen, in denen einzelne Teile auf tragende Konstruktionen geschraubt werden

ten Sie möglichst durch alle zu
verbindenden Teile hindurchge-
hende Maschinen- oder Schlossschrauben mit Muttern auf dem
metrischen Gewinde verwenden.
Dicke Nietscheiben übertragen die
hohe Spannkraft dieser Schrauben
großflächig auf das weichere Holz.

Korrosionsschutz

Im Außenbereich hat der Korrosionsschutz eine besondere Bedeu-
tung. Die sorgfältigste Verarbeitung wird sinnlos, wenn nach
wenigen Monaten die Schraube
an- oder gar durchgerostet ist.
Schließlich sollen die Verbindungen mit Schrauben wenigstens so
lange wie das kesseldruckimprägnierte Gartenholz halten.
Die üblichen Holzbauschrauben
sind zwar preiswert und leicht zu
bekommen. Im Außenbereich sind
sie aber nur bedingt zu verwenden,
weil die galvanisch verzinkte Oberfläche nicht für den Schutz gegen
Wind und Wetter ausgelegt ist.
Da besteht bei Edelstahlschrauben
kein Risiko. Wenigstens bis zu
6 mm Durchmesser halten sich die
Materialkosten noch in Grenzen.
Neben den herkömmlichen Arten
nimmt das Angebot der modernen
Ausführung mit scharfer Spitze,
tiefem Gewinde und schlankem
Schaft zu. Das soll jedoch nicht
zum Eindrehen ohne Vorbohren
verführen. Denn der Stahl dieser

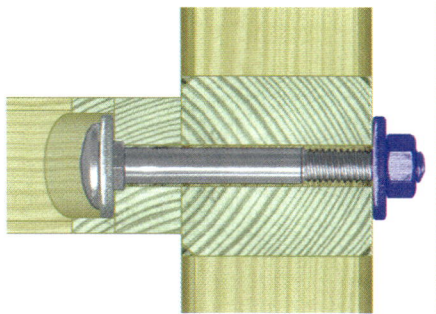

Für hochfeste Verbindungen zwischen
Schraubenkopf oder Sechskantmutter und
Holz sollte man große, möglichst dicke
Nietscheiben verwenden, zum Beispiel
beim Verbinden von zwei Balken zu
einem Mast

Schrauben ist etwas weicher, und
selbst der Kreuzschlitz ist schnell
überdreht.
Bei Durchmessern über 6 mm sind
Edelstahlschrauben für den Heimwerker nur in seltenen Fällen wirt-
schaftlich. Im Normalfall genügen
feuerverzinkte Schrauben für diesen Zweck.

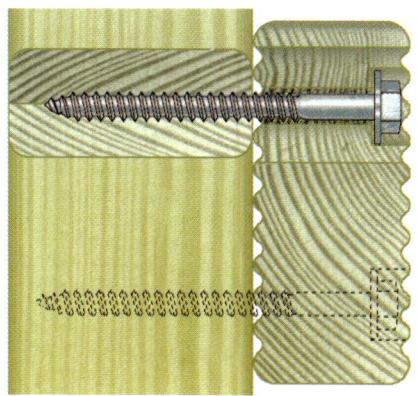

Verletzungen wird vorgebeugt, wenn
Schraubenköpfe oder Muttern, vertieft in
einer gebohrten Aussparung, bündig mit
der Holzoberfläche abschließen (etwa bei
den Sprossen der Spielpyramide)

Für den Vierkant-
ansatz an Schloss-
schrauben muss
man die Unterleg-
scheiben eventuell
aufbohren. Mit
Stufen- oder Schäl-
bohrern geht das
ohne Gefahr, wenn
Sie die Scheibe fest
in den Maschinen-
schraubstock
einspannen

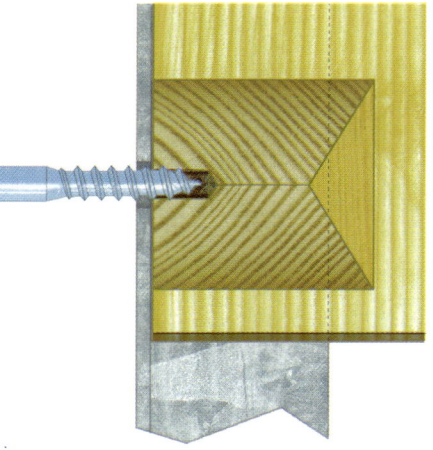

Für die verwendeten Systemteile
wie Anker, Pfostenschuhe, Beschläge und Befestigungsmittel ist
die Qualitätsstufe „feuerverzinkt"
als Korrosionsschutz ebenfalls ausreichend. Die ohnehin meistens etwas größeren Oberflächen dieser
Teile lassen sich auch zusätzlich
durch einen Anstrich mit Acryllack
schützen. Um herkömmlichen
Kunstharzlack auftragen zu können, müssten feuerverzinkte Flächen erst mehrere Monate der Witterung ausgesetzt werden, damit
der Lack hält. Mit einer speziellen
Haftgrundierung lässt sich diese
Beschränkung allerdings umgehen.

Bohrwerkzeuge

Für Bohrungen bis zu 5,5 mm
Durchmesser genügen normale
HSS-Spiralbohrer. Ab 6 mm
Durchmesser sollten Sie für
Massivholz spezielle Holzspiral-

bohrer mit Vorschneider verwenden. Ansonsten franst nämlich
der Bohrlochrand aus. Bohrer
mit Hartmetalleinsätzen an der
Spitze bleiben besonders lange
scharf.
Über 12 mm Durchmesser liefern
Zylinderkopfbohrer oder Forstner-
bohrer perfekte Bohrungen. Als
preisgünstige Alternative können
Sie auch Flachfräsbohrer für
größere Durchmesser einsetzen.
Zum Aufreiben der Bohrlochrän-
der, als Bett für Senkköpfe, können Sie sowohl einen Senker
(Metallbearbeitung) als auch einen
Aufreiber bzw. Krauskopf (Holz-
bearbeitung) verwenden. Für
Bohrungen durch dicke Balken
bietet der Fachhandel überlange
Schneckenbohrer an.
Der Umgang damit ist allerdings
oft leichter, wenn man sie in eine
Bohrwinde einspannt, anstatt in
eine Elektrobohrmaschine.

Schraubwerkzeuge

Die gängigen Größen der Holzschrauben werden fast nur noch
mit Kreuzschlitzen geliefert. Im
Holzbau werden, wie vor allem in
der Metallverarbeitung, zum Teil
noch Schrauben mit Phillips-
Kreuzschlitz verwendet, also dem
Vorläufer von Pozidriv-Kreuz-
schlitzen.
Diese sind an den vier zusätzlichen Kerben in den Innenecken

Mit Phillips-Klingen lassen sich zur Not noch Pozidriv-Kreuzschlitze verarbeiten. Dagegen werden Phillips-Schlitze von Pozidriv-Klingen zerstört.

(siehe Abbildung unten rechts) erkennbar. Dass die Klinge stets genau in den Kreuzschlitz passen muss, gilt auch für diese Schraubenart, besonders jedoch bei maschineller Verarbeitung mit der Kraft von Elektroschraubern. Hochwertige, möglichst vergütete Klingen (Bits) und die zähelastisch gehärteten Schraubenköpfe bei Markenfabrikaten sind eine wichtige Voraussetzung für gutes Gelingen. Schlüsselschrauben lassen sich ebenfalls, mit entsprechenden Stecknüssen für den Sechskantkopf, gut mit Elektroschraubern verarbeiten. Anderenfalls braucht man dafür entweder Gabelschlüssel oder Ringschlüssel. Leichter lassen sich diese Schrauben jedoch mit Steckschlüsseln oder einer Ratsche mit Stecknüssen eindrehen.

Arbeitstechniken

Vom häufig empfohlenen Eindrehen der Holzschrauben ohne Vorbohren ist bei Massivholz und besonders im Außenbereich dringend abzuraten. Das kann nur bei der

Verarbeitung von Holzwerkstoffen und Bauplatten sinnvoll sein, wo es nicht so genau darauf ankommt, ob eine Schraube präzise an der richtigen Position eingedreht wird oder nicht.

Außerdem können Schrauben die zu verbindenden Teile nur dann exakt zusammenziehen, wenn sich das Gewinde ausschließlich in das untere Bauteil einschneidet. Dazu

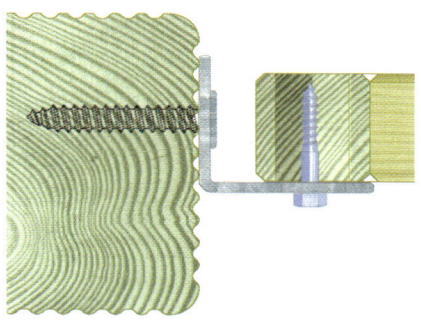

Elementträger sind vielseitig verwendbar, etwa als Verbindung zwischen Pfosten und Rahmenelementen oder Querriegeln an Zäunen. Mit einer als Griff an den Stahlwinkel gespannten Schraubzwinge lässt sich der Gewindedorn leichter eindrehen als mit einem Schraubendreher

Zwei gegeneinander gekonterte Muttern oder selbstsichernde Ausführungen, mit einem blauen Kunststoffring als Gewindeeinlage, verhindern, dass sich Schraubverbindungen von allein lockern. Vor allem bei beweglich miteinander verschraubten Gelenken wie am Pergolafreisitz

Im Hirnholz halten Holzschrauben nicht viel. Wo sich das nicht vermeiden lässt, können Sie auch mit Kunststoffoder Metalldübeln (Mauerdübel), eingeleimten Hölzern oder quer eingefügten Rundstäben ausreichend festes Material für das Schraubengewinde schaffen

Tipps für perfektes Schrauben

Fehlerfrei geschraubte Verbindungen erreichen Sie, wenn Sie Schraublöcher in massivem Holz grundsätzlich anzeichnen, vorstechen, bohren und aufreiben (ansenken).

Bohrlöcher für Schrauben lassen sich mit im Bohrständer eingespannter Maschine viel genauer platzieren; die Vertiefungen mit dem Senker (Aufreiber) werden durch den fest eingestellten Tiefenanschlag präziser.

Ab einem Schraubendurchmesser von 5 mm erleichtert eine weitere kleine Bohrung für die Gewindespitze das Eindrehen an der gewünschten Stelle. Diese Bohrung soll im Idealfall ein Drittel des Schraubendurchmessers betragen und auch ein Drittel der verbleibenden Gewindelänge tief sein. An kritischen Stellen, zum Beispiel an schmalen Hölzern oder Leistenenden, ist eine Bohrung für das Gewinde auch bei geringeren Durchmessern ratsam.

Kann man die Bauteile zusätzlich mit Spannwerkzeugen zueinander und aufeinander fixieren, lässt sich die Verbindung korrekt ausrichten und die Hände bleiben frei zum Eindrehen der Schrauben.

Spannen Sie kritische Stellen, wie schmale Leisten oder Brettenden, zusätzlich in eine Schraubzwinge, damit an dieser Stelle das Holz von der eingedrehten Schraube nicht auseinander getrieben und gesprengt wird. Auch etwas Kerzenwachs oder Seife am Schraubengewinde erleichtert das Eindrehen und verringert das Risiko von Schäden.

An Schrauben mit metrischem Gewinde sollte man eine Gewindesicherung zum Festsetzen der Muttern verwenden. Das ist eine Flüssigkeit, die in den Gewindegängen unter Luftabschluss gerade so fest wird, dass sich die Mutter mit etwas Kraftaufwand und Werkzeug wieder lösen lässt. Verbindungen sollte man möglichst so gestalten, dass Regen abfließen und Nässe abtrocknen kann. Dann fehlt den holzfressenden Mikroorganismen die lebensnotwendige Feuchtigkeit.

Weniger gängige Schraubenausführungen und -größen (zum Beispiel die bereits vorher genannten Pan head-Schrauben) können Sie im Eisenwarenfachhandel häufig günstiger einkaufen als die in kleiner Anzahl verpackten Schrauben von der Selbstbedienungswand im Heimwerkermarkt.

muss sich die Schraube, speziell wenn das Gewinde bis unter den Schraubenkopf reicht, im aufliegenden Bauteil frei in einer Bohrung drehen können. Diese Bohrung darf nicht größer als der Gewindedurchmesser sein. Sonst kann sich der Schraubenkopf leicht zu tief ins Holz hineinziehen.

Den Rand von Bohrungen über 4 mm Durchmesser sollte man zusätzlich für die Aufnahme des Schraubenkopfs aufreiben. Das gilt besonders dort, wo Holzoberflächen Nässe ausgesetzt sind. Ein größerer Senkkopf spaltet das Holz sonst an dieser Stelle, sodass im ungünstigsten Fall an diesen Stellen Wasser bis in tiefere Schichten eindringen kann.

Bei Schrauben mit Metallgewinde sollte man eine Gesamtlänge wählen, die nicht größer als unbedingt erforderlich ist. Sonst kann die Gewindelänge zu kurz ausfallen. Das Gewindeende soll an frei zugänglichen Stellen ohnehin nicht zu weit hervorstehen, um Verletzungsgefahren zu vermeiden. Notfalls muß man sichtbare Schraubenenden absägen, die Schnittflächen glatt feilen und gleich anschließend Zweikomponentenkleber (Epoxidharz) als Rostschutz auftragen.

Schrauben soweit möglich von der regengeschützten Unterseite her eindrehen. Dann lassen sich von vornherein Schäden durch eindringende Nässe vermeiden

3

Sandkasten

Luftiger Spielplatz in der Sonne

Spielwert und Anfertigung

Für Kinder ist das Buddeln im Sand nicht nur Zeitvertreib: Das Kleinkind kann mit sich und der Welt, deren Mittelpunkt es darstellt, eine Einheit bilden. Das ältere Kind kann im Sandkasten seine schöpferischen Fähigkeiten entwickeln.

Sand im Überfluss wie am Strand wird allerdings die Ausnahme bleiben – und das Spielen in Sandhaufen auf Baustellen ist aus nahe liegenden Gründen kaum zu empfehlen. Umso wichtiger ist der Sandkasten auf dem eigenen Grundstück. Dafür ist keine große Fläche, wohl aber ein gut vorbereiteter Platz notwendig. Auch die feste waagerechte Fläche als Tisch oder Theke darf nicht fehlen. Und natürlich auch die haltbare Einfassung, damit der Sand am vorgesehenen Platz bleibt.

Baumaterial

Da eine mit dem Pinsel aufgetragene Holzschutzbehandlung in diesem Fall nicht empfehlenswert ist, wird selbst dickes, unbehandeltes Holz nur wenige Jahre halten.

Wenn das Holz keinen Kontakt mit Erde, sondern nur mit dem Sand bekommt, wird es nach einigen Jahre noch intakt sein. Denn im Sand können nur wenige Mikroorganismen leben, die das Holz angreifen, wie die Brettterstege über den Dünen an der Nordsee zeigen.

An Holzprodukten mit sägerauer Oberfläche sollten in jedem Fall nicht nur Ecken und Kanten, sondern auch die Oberflächen wenigstens mit grobem Schleifpapier (Körnung 60) geglättet werden. Mit der Hilfe eines Elektro-Schwingschleifers ist das kein

Halbschatten und Grasfläche – der bevorzugte Ort für einen Sandspielplatz

Mit dem breiten Fuchsschwanz-Sägeblatt gelingt ein gerader Schnitt leicht, entlang der am Tischlerwinkel aufgezeichneten Markierung

Zum Glätten der Schnittflächen und zum Abrunden von Ecken und Kanten eignen sich spezielle Schleifwerkzeuge mit rauen Stahlflächen besonders gut

großer Aufwand. Schließlich muss von vornherein ausgeschlossen sein, dass sich ein Kind am Holz verletzen kann.

Dauerhafter Baustoff Gartenholz

Für Sandkästen werden oft billige Bausätze von fragwürdiger Qualität angeboten. Ein Eigenbau aus Gartenholz, das den im ersten Kapitel erwähnten Imprägnierbestimmungen entspricht, ist schon eher zu empfehlen. Bei diesem Baustoff kann man ohne gesundheitliche Bedenken jahrzehntelange Haltbarkeit erwarten.

Mit diesem Holz, Edelstahlschrauben und sorgfältiger Verarbeitung schaffen Sie Ihren Kindern einen sicheren Spielplatz für viele Jahre. Ausgestochene Grassoden oder Rollrasen zur schnellen Begrünung rings um den Kasten werden möglich, weil dieses Holz den Kontakt mit belebtem Boden aushält.

Die Innenfläche sollten Sie für den Spielplatz trichterförmig zur Mitte etwa 50 cm tief ausgraben. Denn dort wird am tiefsten gebuddelt und Regenwasser kann so besser versickern. Für die Füllung brauchen Sie knapp einen halben Kubikmeter Grubensand. Er ist als Sand zum Spielen besser geeignet als gewaschener Betonkies, dem die bindenden Lehmanteile fehlen.

Vorbereiten

Die Bretter lassen sich auch per Hand mit dem Fuchsschwanz schnell auf die erforderlichen Maße zurechtsägen. Wer Elektrowerkzeuge zur Verfügung hat, greift zur Handkreissäge oder zur Elektrostichsäge.

Denken Sie dabei an den anfallenden Staub, auch bei der Arbeit unter freiem Himmel.

Alle Stirnkanten und Ecken müssen gut abgerundet werden, damit keine Splitter verbleiben. Eine Nachimprägnierung der Schnittflächen muss bei einem Sandkasten dort genügen, wo das Holz in Kontakt mit dem Erdboden kommt.

Zusammenfügen

Zunächst die langen Seitenbretter mit den Querstücken verbinden. Anschließend werden die kürzeren Seitenbretter daran angelegt und von der Außenfläche her verschraubt. Auf diese Weise können die Seitenwände am besten dem Druck der Sandfüllung widerstehen.

Damit beim Eindrehen der Schrauben die Oberflächen und Brettenden nicht aufspalten, werden alle Bohrungen markiert und vorgebohrt. Außerdem sollten die Brettenden möglichst mit einer Schraubzwinge zusammengespannt werden. Weil die in das

Einzelne Bauteile lassen sich genauer zusammenfügen, wenn man sie mit einer Schraubzwinge zusammenspannt

Das Detail der Eckverbindung zeigt deutlich, wie die Seitenbretter mit den Querstücken verschraubt sind

Wenn viele Schrauben einzudrehen sind, ist ein Akkuschrauber oder auch ein Drillschrauber für Handbetrieb besonders nützlich

Eine aufgeschraubte Leiste von Ecke zu Ecke verhindert, dass sich der rechtwinkelig ausgerichtete Kasten wieder verändert

Die Sitzbretter mit einigen Millimetern Abstand zueinander montieren, damit Regenwasser ablaufen kann

Hirnholz gedrehten Schrauben nicht viel halten können, werden zusätzlich von der Innenseite her zwei oder drei Schrauben schräg in die Querstücke eingedreht.

Ausrichten

Der fertige Rahmen wird am endgültigen Standplatz einige Zentimeter in den Boden versenkt; dabei richtet man die Oberkanten genau waagerecht aus. Eine aufge-

schraubte Diagonalverstrebung hält den Kasten im rechten Winkel. Den erreichen Sie exakt, wenn beide Diagonalen die gleiche Länge messen.

Die Rahmenbretter werden zunächst mit den aufgeschraubten Verbindungsklötzen zum Rahmen zusammengefügt und auch die Sitztragleisten an der Unterseite montiert. Anschließend legt man den Rahmen auf, richtet ihn aus und verschraubt ihn auf den Kanten der Seitenflächen.

Straff gespannt hält ein geknüpftes Garnnetz ungebetene tierische Gäste und Schmutz vom Sandkasten fern

Zwei passend zugesägte, auf die Leisten geschraubte Sitzbretter bieten für Kinder oder Eltern einen guten Sitzplatz. Wie sich diese Abschnitte günstig im Winkel von 45° zuschneiden lassen, ist in der Explosionszeichnung dargestellt.

Schutz für die Spielfläche

Auch zwischen Sandburg und Sandkuchen sind Hunde- oder Katzenhäufchen unerwünscht — ein Netz schafft Abhilfe

Katzen benutzen Sandkästen gern als Toilette; zum Schutz vor solchen oder ähnlichen Verschmutzungen ist ein stabiles Kunststoffnetz recht sinnvoll. Es schützt im Herbst auch vor Laub, denn seinen idealen Platz sollte der Kasten im Halbschatten eines Baumes finden.

Besonders geeignet sind aus Polyestergarn geknüpfte Netze. Die sind reiß- und wetterfest, und sie lassen sich an den Kanten straff spannen. Eine elastische Maurerkordel (Perlonkordel 2,5 mm) durch die äußeren Maschen gefädelt, wirkt wie ein Gummizug. So lässt sich das Netz straff über den Kasten spannen.

Solche Netze gibt es als Balkonschutznetze für Kleintierfreunde. Aber auch Sonnenschutzgewebe für Gewächshäuser aus dem Gartenfachmarkt sind für diesen Zweck gut geeignet.

Sie können zwar auch eine Kunststoffplane als Abdeckung verwenden. Die schirmt jedoch auch den Regen ab, der den Sand schön feucht und formbar hält.

Materialbedarf

(Abmessungen in mm, Maße in <>, d. h. bei der Montage einpassen)
Kaufhinweis: 5 St. 3900 mm lange Bretter aus Gartenholz „Kiefer"; Holzschrauben aus Edelstahl rostfrei.

Position							Einkauf/Zuschnitt
❶ Seitenbrett	1200	x	21	x	120	(4 St.)	
❷ Seitenbrett	1100	x	21	x	120	(4 St.)	
❸ Rahmenbrett	1300	x	21	x	120	(2 St.)	Ecken gekappt
❹ Rahmenbrett	1000	x	21	x	120	(2 St.)	
❺ Querstück	240	x	21	x	60	(4 St.)	Brettbreite 120 mm auftrennen
❻ Verbindungsklotz	100	x	21	x	60	(4 St.)	Brettbreite 120 mm auftrennen
❼ Sitztragleiste	320	x	21	x	60	(2 St.)	Brettbreite 120 mm auftrennen
❽ Sitzbrett	<850>	x	21	x	120	(1 St.)	nach Zeichnung aufteilen

Zubehör

- 24 St. Senkkopf-Holzschrauben 4,0 x 40
- 32 St. Senkkopf-Holzschrauben 4,0 x 50
- 1 St. Garnnetz, 150 x 150 cm
- 5 m Perlonkordel, ⌀ 2,5 mm

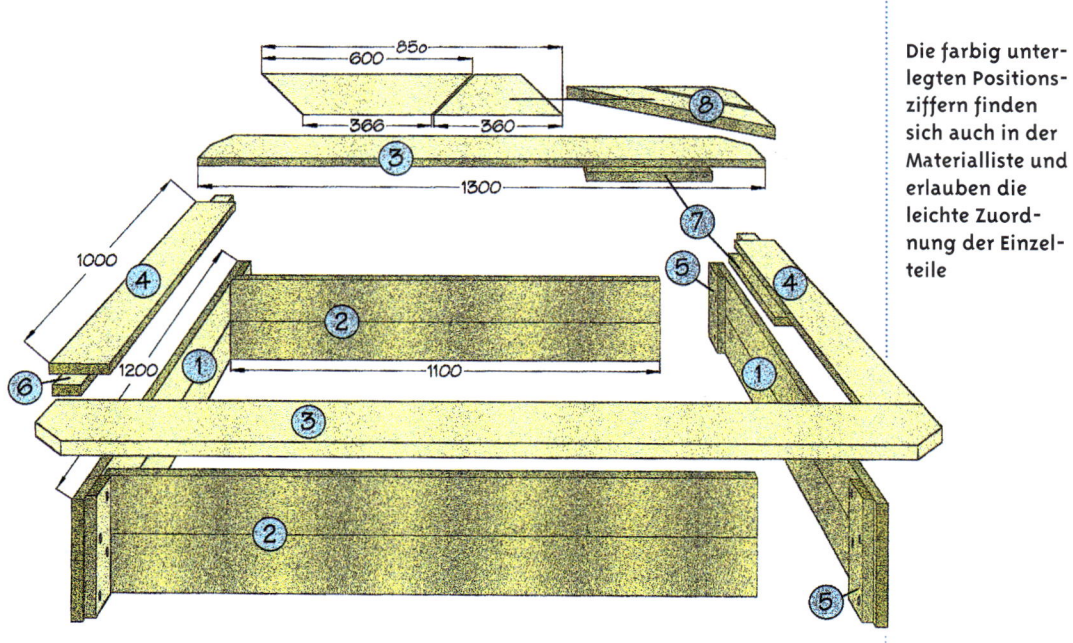

Die farbig unterlegten Positionsziffern finden sich auch in der Materialliste und erlauben die leichte Zuordnung der Einzelteile

4

Holzterrasse

Holzweg ins Grüne

Fundamente, Schwellen und Oberfläche

D Die vielfältigen Möglichkeiten der Gestaltung und das natürliche Baumaterial machen eine Terrassenfläche aus Holz besonders attraktiv.

Warum sollen nur die Besitzer von Bootsanlegern oder Badestegen von diesen Eigenschaften profitieren?

Außerdem ist Holz ein wirtschaftlicher Baustoff. Denn im Gegensatz zu Plattenbelägen bildet Holz als Belag gleichzeitig die tragende Fläche über einer einfachen Unterkonstruktion.

Der Wunsch nach einem harmonischen Übergang vom Haus in den Garten lässt sich in dieser Form leichter als mit anderen Baustoffen in Eigenleistung erfüllen. Zum Beispiel kann die Terrassenfläche mit unregelmäßigen Konturen auf gleicher Ebene so in die angrenzende Rasenfläche übergehen, dass der Wechsel in der Bodenfläche nicht mehr als schroffe Abgrenzung empfunden wird. Die Abbildungen zeigen einige verbindende Übergänge zwischen Holzdeck, Gras, Flachwassergarten und Klinkerbelag im und um einen Wintergarten.

Baustoff und Fundament

Für diese Art der Terrassengestaltung ist kesseldruckimprägniertes Gartenholz ein natürlicher und außerordentlich dauerhafter Baustoff. Ob kleine Flächen oder Terrassendecks in verschiedenen Ebenen, sie lassen sich in jedem Fall ansprechend und sehr individuell gestalten. Die geriffelte Oberfläche verringert zudem die Rutschgefahr bei Algenbewuchs, der sich auf feuchten Flächen häufig nicht vermeiden lässt.

Zunächst ist jedoch das Fundament entscheidend für die Lebensdauer der Terrasse und die Beständigkeit der ebenen Fläche.

Gleich ob Sie sich jetzt oder später für einen Wintergarten über der Terrasse entscheiden: die Fläche muss dauerhaft eben bleiben. Das erreichen Sie mit der frostfreien Gründung. Auf diese Weise verhindern Sie, daß die Veränderungen im Erdboden durch die Temperaturwechsel im Jahreslauf bald störende Unebenheiten hervorrufen.

Die diagonale Anordnung der Deckbretter mildert die Strenge geometrischer Formen, und die Terrasse erhält einen individuellen Charakter

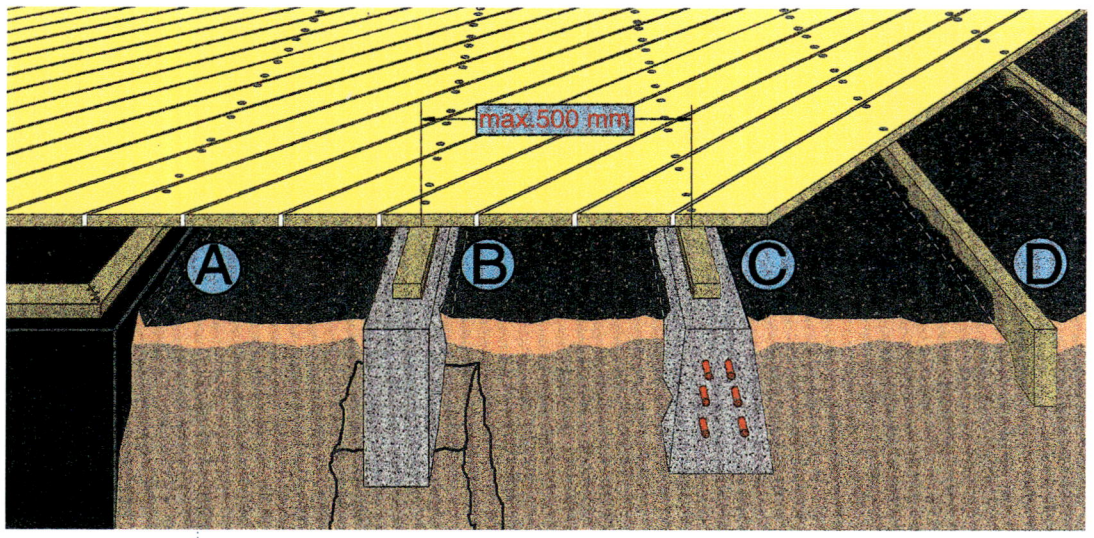

max. 500 mm

Ⓐ Ⓑ Ⓒ Ⓓ

Vier Vorschläge
für die frostfreie
oder einfache
Gründung der
Träger für die
Deckfläche. Sorg-
fältiges Ausrich-
ten der Träger-
oberkante in
einer waage-
rechten Ebene,
mit Schlauch-
oder Wasser-
waage und Richt-
latten, verlangt
jedoch zwangs-
läufig etwas
Zeitaufwand

Betonfläche (A)

Die beste Lösung – bei einem Neu-
bau oder einem nachträglichen
Kelleranbau – ist die Betondecke
eines Kellers unter der Terrasse. Die
weitgehend druckfeste Wärmedämmschicht über der Kellerdecke
wird für das Terrassendeck mit einer Folienplane wie für ein Flach-
dach als Warmdach (mit einer
Wärmedämmschicht oben) abge-
deckt. Die Ränder der Folienplane
können ringsum etwa 50 cm lose
an den Seitenflächen herunterhän-
gen. Der Füllboden hält dann die
Folie fest. Den Anschluss der Plane
ans Haus sollten Sie der fachge-
rechten Ausführung durch einen
erfahrenen Verarbeiter überlassen.
Ebenso lässt sich als Fundament
natürlich auch nachträglich eine
armierte Betonplatte herstellen.
Die sollte dann eine Wärmedämm-

schicht unter geeignetem Nässe-
schutz haben, falls über der Terrasse ein Wintergarten vorgesehen
oder für später geplant ist. Sonst
kann man das Deck direkt auf der
waagerechten und ebenen Beton-
fläche aufbauen. Ein geringes Gefälle von 3 bis 5% für den Regen-
wasserablauf ist nur dann sinnvoll,
wenn die Planken in der Gefälle-
richtung liegen können. Sonst
bleibt das Regenwasser in der Ril-
lenstruktur der Brettflächen stehen.

Betonfertigteile (B)

Eine weitere frostfreie Gründung
zeigt dieses Beispiel. Kantensteine
(Bordsteine, Hochborder), 1 m lang,
ab 10 cm breit und 25 cm hoch,
werden als Betonfertigteile auf wenigstens 80 cm tief gegründeten
Punktfundamenten aufgelegt.

Dabei sind bereits die Punktfundamente entsprechend der gewünschten ebenen Fläche, mit oder ohne Gefälle, zu nivellieren. Auf dieser Basis ließe sich auch noch ein unbeheizter Wintergarten errichten.

Streifenfundament (C)

Vor Ort betonierte Schwellen sind einfacher zu nivellieren, weil nur die Betonschalung genau auszurichten ist. Als Schalung genügen zwei an der Oberkante eines 20 cm schmalen Grabens aufgestellte und fixierte Schalbretter. Für die Stahlarmierung eignen sich so genannte Mattenböcke, wie sie als Abstandhalter für die Baustahlmatten bei mehrlagig armierten Betondecken verwendet werden.

Errichtet man diese Schwellen- oder Streifenfundamente 25 cm hoch und mindestens 14 cm breit über Punktfundamenten wie im Beispiel B, entsteht ebenfalls eine frostfreie Gründung. Zur Befestigung der Planken legt man die Tragleisten in den Beispielen A bis C nur lose auf den Beton. Beim Verschrauben mit der Deckfläche werden die Leisten dann fixiert.

Lagerbalken (D)

Am einfachsten lassen sich kesseldruckimprägnierte Träger von 120 x 33 mm, eben zueinander in einem Sandbett ausgerichtet, im Boden einbauen. Die Planken werden dabei direkt auf die Schmalkanten der Balken geschraubt.

Eine kräftige Abdeckfolie (0,2 mm PE-Schwarzfolie) zwischen den Lagern verhindert in allen genannten Fällen unerwünschtes Pflanzenwachstum. Damit Regenwasser versickern kann, sollte man die Folie perforieren oder gleich geschlitzte Mulchfolie verwenden. PE-Folien verwittern zwar auf der Mülldeponie durch die UV-Strahlung im Tageslicht, im geschützten Dunkel unter den Holzplanken halten sie jedoch viele Jahre.

Auch eine alte, aber intakte und ebene Terrassenfläche kann als Untergrund für ein Terrassendeck aus Gartenholz dienen.

Bei der reizvollen diagonalen Anordnung der Planken darf bei der Verwendung von 24 mm dickem Bodenholz der Abstand zwischen den einzelnen Tragleisten 50 cm nicht überschreiten. Die Stützweite beträgt dann ohnehin schon 70 cm. Bei der Anordnung im rechten Winkel zu den Lagern und bei dickerem Material sind auch etwas größere Abstände möglich.

Vorbereitung im Detail

Für Planung und Gestaltung ist die maßstäbliche Zeichnung der jeweiligen Situation eine verlässliche

Als Auflage in der Rasenfläche oder über einem Flachwasserbecken sind selbstgefertigte Betonschwellen die beste Lösung für den Unterbau

Ortbeton für Schwellen: 3 Teile gewaschener Betonkies und 1 Teil Zement trocken im Mörtelbottich gut mischen und erst dann wenig sauberes Wasser zufügen. Die Mischung soll nur erdfeucht bleiben

❶ Für die Rahmenkonstruktion Leisten 21 x 35 mm oder, unter den Stoßfugen, auch Bretter 21 x 94 mm einsetzen

❷ Auch im feuchten Bereich können die Leisten ohne isolierende Sperrschicht lose auf den Betonteilen liegen

❸ An Ecken und Anschlüssen die Unterlattung entweder auf Gehrung (zweimal 45°) oder im rechten Winkel aneinander stoßen lassen

❹ Schnittkanten gut abrunden, um Splitter zu entfernen. Die Stirnflächen zusätzlich imprägnieren

Grundlage. Auch der Materialbedarf und die beste Materialnutzung lassen sich auf diese Weise leicht, aber zuverlässig ermitteln, vor allem bei außergewöhnlichen Umrissen und besonderen Anordnungen der Planken. Zum Beispiel in diagonaler Richtung, wie hier gezeigt. Im Vergleich zu den üblichen mineralischen Baustoffen für Terrassen ist die Bearbeitung der 21 bis 33 mm dicken und bis zu 170 mm breiten Bretter jedenfalls wesentlich einfacher. Handkreissäge oder Elektrostichsäge, Bohrmaschine, möglichst ein zusätzlicher Elektroschrauber und die gängigen Handwerkzeuge für die Holzverarbeitung genügen.

Regeln für den Zuschnitt

Die längsten Bretter werden zuerst zugeschnitten. Dann lassen sich die Abschnitte in die kürzeren Längen aufteilen. Für mehrfach benötigte Längen schneidet man ein Musterbrett genau zu und verwendet dieses als Schablone. So lassen sich auch allzu grobe Astlöcher oder Harzgallen aussondern. Stoßfugen werden genau auf Mitte einer Latte der Unterkonstruktion angeordnet, dabei muß man aber wenigstens 5 mm Zwischenraum einhalten. Die so genannte „linke" Brettseite sollte möglichst oben liegen. Dafür müssen die Jahresringe auf der

❺ Tackerklammern fixieren die Leisten der Unterlattung, bis die Bretter aufgeschraubt sind und das Deck zu einer Gesamtfläche verbinden

❻ Einzellängen direkt am vorgesehenen Platz anzeichnen und nach der Markierung zuschneiden

❼ Beim Aufschrauben der Deckbretter helfen 8 mm dicke Sperrholzklötzchen, gleichmäßig parallele Abstände einzuhalten

Brettstirnkante mit ihrem Bogen nach oben zeigen. Diese Seite hat meist weder Risse noch Splitter, nur die Holzmaserung ist weniger ausgeprägt.

Die Leisten der Rahmenkonstruktion liegen überall auf dem Unterbau auf. Da die Deckbretter fast stets über mehrere Lager reichen, genügen Tackerklammern für die Eckverbindungen der Rahmenkonstruktion. Größere Flächen haben genügend Eigengewicht und brauchen deshalb keine besondere Befestigung auf dem Unterbau.

Schrauben fachgerecht verarbeiten

Damit sich die Brettfläche nicht verformt, dreht man jeweils zwei Schrauben neben der Brettkante

ein. Aus einem Stück Aluminium-Winkelprofil (30 x 15 mm) kann man dafür eine Bohrschablone anfertigen. Dazu wird in den breiten Schenkel des Profilstücks, im Abstand von 12 bis 15 mm zur Kante, ein Loch im Schraubendurchmesser gebohrt. Benutzt man diese Schablone zum Führen des Bohrers beim Vorbohren, bleiben die Abstände zwischen Brettkante und Bohrung genau gleich. Damit die Befestigung der Bretter so haltbar bleibt

Tipps

Dach- oder auch Teichfolie über Betonflächen schützt man vor spitzen Kieseln im Beton mit einem Vlies als Zwischenlage. Wo das Terrassendeck in einer Ebene in die Rasenfläche übergehen soll, gleicht man das Niveau mit Gartenerde an und pflanzt Rollrasen.

Wenn die Brettenden die Unterkonstruktion um mindestens 20 mm überragen, bleiben die Tragleisten unsichtbar; die Deckfläche trennt sich optisch angenehm vom Untergrund

wie das Material, sollten Sie nur Edelstahlschrauben, je nach Länge mit 4 bis 5 mm Durchmesser, verwenden.

Wenn Sie es ganz fachgerecht und akkurat machen wollen, verwenden Sie Linsenkopf-Holzschrauben, markieren die Mittelpunkte der Bohrungen entlang einer geraden Leiste, senken vorgebohrte Löcher für den Schraubenkopf an und richten den Schraubenschlitz dann parallel zur Holzmaserung aus.

Farbe auf der Oberfläche

Wer gegen die etwas ungleichmäßige hellgrüne Färbung nichts einzuwenden hat, kann auf einen Lasuranstrich verzichten. Durch eine dunklere Färbung erwärmt sich das Holz in der Sonne schneller und ist damit größeren Belastungen ausgesetzt. Wenn Sie jedoch die Bretter lasieren, sollten Sie die Längskanten vor dem Aufschrauben behandeln. Später gelangt man nur schlecht mit dem Pinsel in die schmalen Fugen.

Der Formenvielfalt einer Holzterrasse sind kaum Grenzen gesetzt

Auf den Flächen lässt sich die Lasur schnell und gleichmäßig mit einer 10 cm breiten Mohairwalze auftragen. Die Rückseiten der Planken können unbehandelt bleiben. Auch wenn das Holz durch die Einflüsse der Witterung bald Risse zeigt, kann ein derartiger Terrassenbelag trotzdem Jahrzehnte halten. Gelegentliches Säubern mit dem Hochdruckreiniger ist möglich, wenn Sie dabei eine Dreckfräse im Führungswagen verwenden. Denn der Abstand der Düse zur Holzoberfläche muss ausreichend weit und unveränderlich sein, damit sich nach der Reinigung keine Unterschiede in der Färbung zeigen. Mit einem Schrubber lässt sich die Prozedur jedoch auch gut bewältigen, wenn man die vom vorangegangenen Regen gut eingeweichte Deckfläche bearbeitet.

Terrassenbank

Wetterfester Platz zum Entspannen oder Arbeiten

Einheit aus Bank, Liege und Abstelltisch

In der kalten Jahreszeit kann man die Bank als Ablage- oder Abstellfläche zum Beispiel für Kübelpflanzen verwenden

Wind- und wetterfeste Gartenmöbel, die auch in der kalten Jahreszeit draußen bleiben können, sind teuer. Doch selbst Teak oder Mahagoni verlieren ohne Pflege nach jedem Winter bald ihren ursprünglichen Farbton.

Die Kopfstütze ist verstellbar, mit einem flexiblen Polster wird sie zur komfortablen Rückenlehne

Eine Bank – nicht nur zum Sitzen

Was liegt also näher, als aus Gartenholz für Terrassen auch gleich einen Ruhe- oder Arbeitsplatz für alle Tage zu bauen – für die Zeitungslektüre in der Morgensonne oder die Vorbereitung der eigenen Gartenernte für die Küche. Dafür hat die hier gezeigte Bank einen fest angebauten kleinen Tisch. Und für das Sonnenbad lässt sie sich zusätzlich mit einer verstellbaren Kopf- und Rückenstütze ausstatten. Bei dieser Bank wurde zugleich die Möglichkeit genutzt, auf einem günstigen Platz an der Sonne die Bank der Terrassenform anzugleichen. Dieser Standort hat zur Folge, dass die Enden der Sitzfläche etwas spitz erscheinen. Mit ihrem Winkel von 90° entsprechen

sie jedoch üblichen Ecken. Ebenso wie der Terrassenbelag wird sie ab und zu mit einem scharfen Wasserstrahl abgespritzt, wenn der Regen den abgelagerten Schmutz ohnehin gut eingeweicht hat.

Wenn man in den Schatten will, dann lässt sich die Bank trotz ihrer Größe, auf die Längsseite ohne Tisch gekippt, von einer kräftigen Person transportieren.

Das problemlose Konstruktionsprinzip

Die einfache Konstruktion aus aneinander geschraubten Einzelteilen erfordert keine aufwändigen Holzverbindungen, sondern nur einfache Zuschnitte, die sich auch per Hand mit dem Fuchsschwanz leicht herstellen lassen. Sein breites Sägeblatt bewirkt ausreichend gerade Schnittkanten, und die Sägespäne mit der giftigen Imprägnierung werden nicht unnötig aufgewirbelt. Wenn Sie eine Handkreissäge verwenden, ist der Anschluss an einen Staubsauger empfehlenswert. In jedem Fall jedoch werden alle Sägekanten mit Sandplate-Schleifer oder Schleifpapier gut abgerundet, um alle Splitter zu entfernen. Die Schnittflächen behandelt man nach der Bearbeitung mit farbloser Holzschutzimprägnierung, das gilt vor allem für die Standflächen der Bank- und Tischbeine, die wahrscheinlich häufig im Nassen stehen.

Für die 35 mm breiten Randverstärkungen lassen sich auch längere Bretter auftrennen. Dann behält man an allen Bauteilen abgerundete Kanten. Der verbleibende Rest der Brettmitte lässt sich für die Verbindungsleisten der Sitzfläche verwenden. Mit Leisten von 21 x 35 mm, die jedoch abgeschrägte (gefaste) Kanten haben, verringert sich allerdings der Zeitaufwand für den Zuschnitt.

Einfache, aber stabile Verbindungen

Für die Montage sollten Sie Edelstahlschrauben verwenden, damit die Verbindungen mindestens ebenso lange halten wie das kesseldruckimprägnierte Holz. Wasserfester Holzleim, auf die Kontaktflächen aufgetragen, erhöht die Steifigkeit der Verbindungen. Die Imprägnierung hat darauf keinen Einfluss. Bankbeine und Querstücke werden vor dem Zusammenbau winkelrecht zueinander fixiert und in Schraubzwingen gespannt. Das garantiert auch auf Dauer fest verbundene Einzelteile.

Beim Zuschneiden garantiert ein (selbstgebauter) Winkelanschlag gleich bleibende, genaue Schnittwinkel von 45°

Nach dem Zuschneiden alle Splitter und Fasern abschleifen und die Kanten abrunden

Mit der Anzahl hartmetallbestückter Zähne am Kreissägeblatt steigt auch bei Massivholz die Güte der Schnittfläche

Im Vergleich zu Schleifpapier erreicht man mit Sandplate-Schleifern das Ziel viel schneller, und diese Werkzeuge halten erheblich länger. Außerdem erzeugen sie keinen feinen Staub, den man einatmen könnte

Damit keine Schraubenköpfe die Sitz- und Tischfläche stören, verschraubt man die Bretter von unten durch die Verstärkungsleisten. Dazu legt man die Einzelteile, mit der Sichtfläche nach unten, auf ebenem Boden aneinander. Gleichmäßige Fugen zwischen den Brettern erhält man mit 8 mm dicken Klötzchen aus Leisten oder Sperrholz.

Sie können auch fertig zugeschnittene 8 mm-Verbindungsdübel oder Abschnitte von Dübelstangen verwenden. Die Bretter sollte man

Einzelteile für die Fußgestelle auf einer
ebenen Montagefläche zusammenspannen, um sie genau fixiert zu verschrauben

Auf einer ebenen Fläche ausgelegt lassen
sich die Bretter gut mit den Randleisten
verbinden

Die auf den Zwillingsbeinen verschraubten
Längszargen machen das Untergestell
außerordentlich stabil

aber nicht zu fest aneinander legen, sonst bekommt man die Abstandhalter nur noch mit der Zange
wieder aus den Fugen heraus.
Löcher für Schrauben werden stets
vorgebohrt und der Bohrlochrand
für den Senkkopf aufgerieben.
Wer für diesen Vorgang Bohrmaschine und Elektroschrauber zur
Verfügung hat, kommt flotter
voran. Das Aufreiben lässt sich
auch leicht mit einer Handbohrma-
schine erledigen. Dann entfällt das
dauernde Wechseln von Bohrer,
Schraubklinge und Senker.

Verstellbare Lehne für mehr Bequemlichkeit

Wer die Bank mit der verstellbaren
Rückenlehne bauen will, trennt
einfach die vier Bretter für die
Mitte der Sitzfläche an entspre-
chender Stelle im Winkel von 30°.
Die Entfernung von der Bankspitze
bis zum Trennschnitt beträgt
80 cm. Lehne mit Stütze und dreh-
bare Querverbindung sind in der
Abbildung gut zu erkennen. Zwei
Schrauben, durch die Verstärkung
in die Querverbindung gedreht,
bilden den Drehpunkt.
Um die Übersicht zu erhalten,
wurde auf eine Darstellung der
verstellbaren Rückenlehne in der
Perspektivzeichnung verzichtet.
Das Prinzip ist in einer eigenen
Schnittzeichnung dargestellt. Die
Stütze der Rückenlehne ist ein etwa

45 cm langes Brett. Es wird erst an der fertigen Bank auf die erforderliche Länge gekürzt und am unteren Ende eingekerbt. Die Stellung als Kopfstütze bestimmt eine aufgeschraubte Stoppleiste. So lässt sich die Neigung der Lehne genau den persönlichen Bedürfnissen anpassen.

Vielfalt für die Oberfläche

Für Tisch- und Bankflächen verwendet man die „linke" Brettseite als Sichtfläche. Bei einem Blick auf die Brettstirnkante müssen die Jahresringe mit ihrem Bogen nach oben zeigen.

Die Oberflächenbehandlung der kesseldruckimprägnierten Hölzer hat ausschließlich optische Gründe. Eine umweltfreundliche Lasur, frei von bioziden Wirkstoffen, genügt völlig, um der neuen Bank die gewünschte Färbung zu geben. Über die Verarbeitung der Anstriche informiert Sie ein der Textkasten auf Seite 38.

Vergessen Sie nicht: Auch die Patina der Jahre auf Gartenhölzern ist kein Mangel, sondern eine natürliche Oberfläche, die sich besonders gut in eine naturnahe Gartengestaltung einfügt. Wo diese ungleichmäßige Oberfläche als störend empfunden wird, lässt sie sich mit speziellen Farben überstreichen. Denn herkömmliche, lösungsmittelhaltige Lacke und Far-

ben auf Kunstharzbasis sind dafür ungeeignet. Die würden auf Grund der typischen Holzeigenschaften (hygroskopisch, siehe Kapitel „Gartenholz", Seite 11) bald abblättern. Für einen Renovierungsanstrich verwendet man entweder halbtransparente Farben, die Farbunterschiede ausgleichen, aber die Holzstruktur der Oberfläche erkennen lassen, oder Deckfarben, die eine Schicht auf der Oberfläche bilden und auch die Maserung (nicht die gerillte Struktur) abdecken.

Wer eine glänzende bis hochglänzende Oberfläche vorzieht, kann auch Acrylfarben, die so genannten Wasserlacke, verwenden. Doch unter dem Einfluss wechselnder Luftfeuchtigkeit können auch diese Farben abblättern, vor allem dann, wenn die Flächen vor einem Renovierungsanstrich nicht gründlich gesäubert wurden.

Luft und Sonne lassen sich an diesem Platz beim Rasten und auch beim Arbeiten nutzen

Von den mittleren vier Brettern abgetrennte Stücke werden mit Querleisten zur Rückenlehne verbunden

Anstriche für Gartenholz verarbeiten

Mit eingearbeiteten, das heißt gebrauchten Qualitätspinseln arbeitet es sich leichter, besser und letztlich auch preiswerter. Die Borsten wollen jedoch wie Naturfasern gepflegt werden

Mit einer Holzschutzlasur lässt sich die grünliche Imprägnierung im gewünschten Farbton überstreichen

Seit längerem erhalten Sie Farben hoher Qualität, deren Bindemittel wie früher auf der Basis natürlicher Wachse und Öle hergestellt werden, wobei nur geringe Mengen von organischen Lösemitteln beigemischt werden.

Einer der besonderen Vorteile dieser Lasuren, Farben und Deckfarben (Osmo-Color) ist jedoch die spürbar einfache und leichte Verarbeitung. Durch den hohen Anteil ultrafeiner Farbpigmente genügt in der Regel ein einziger dünn verteilter Farbauftrag. Dabei wird nach der alten Regel vorgegangen: Man trägt den Anstrich auf zuerst in Richtung der Holzmaserung, dann

quer dazu verteilt, und egalisiert wieder in Längsrichtung. Entsprechend einem gleichfalls bewährten Prinzip wird die Lasur oder Farbe nachdrücklich, das heißt mit etwas Kraftaufwand, in die Holzporen eingearbeitet. So verarbeitet kann der Anstrich besonders lange der Witterung trotzen.

Vorzugsweise arbeitet man mit einem nicht zu großen, aber hochwertigen Flachpinsel, der, je nach Holzformat, 30 bis 50 mm breit ist. Mit einem breiten Flächenstreicher geht es zwar schneller, zu empfehlen ist das aber nur bei viel Erfahrung im Umgang mit solchem Profiwerkzeug. Auch der Kraftaufwand ist höher.

Einfacher, aber nicht ganz so dauerhaft haltbar, lässt sich der Anstrich mit einer kurzflorigen Mohairwalze auftragen, auch auf den für Gartenholz typischen gerillten Oberflächen. Die Regel der drei Richtungen gilt auch dafür unverändert.

Vor Erneuerungsanstrichen werden alle Ablagerungen wie Staub, Schmutz, Algenschichten, Moos und ähnliches mit der Handbürste restlos abgeschrubbt oder mit dem Hochdruckreiniger entfernt.

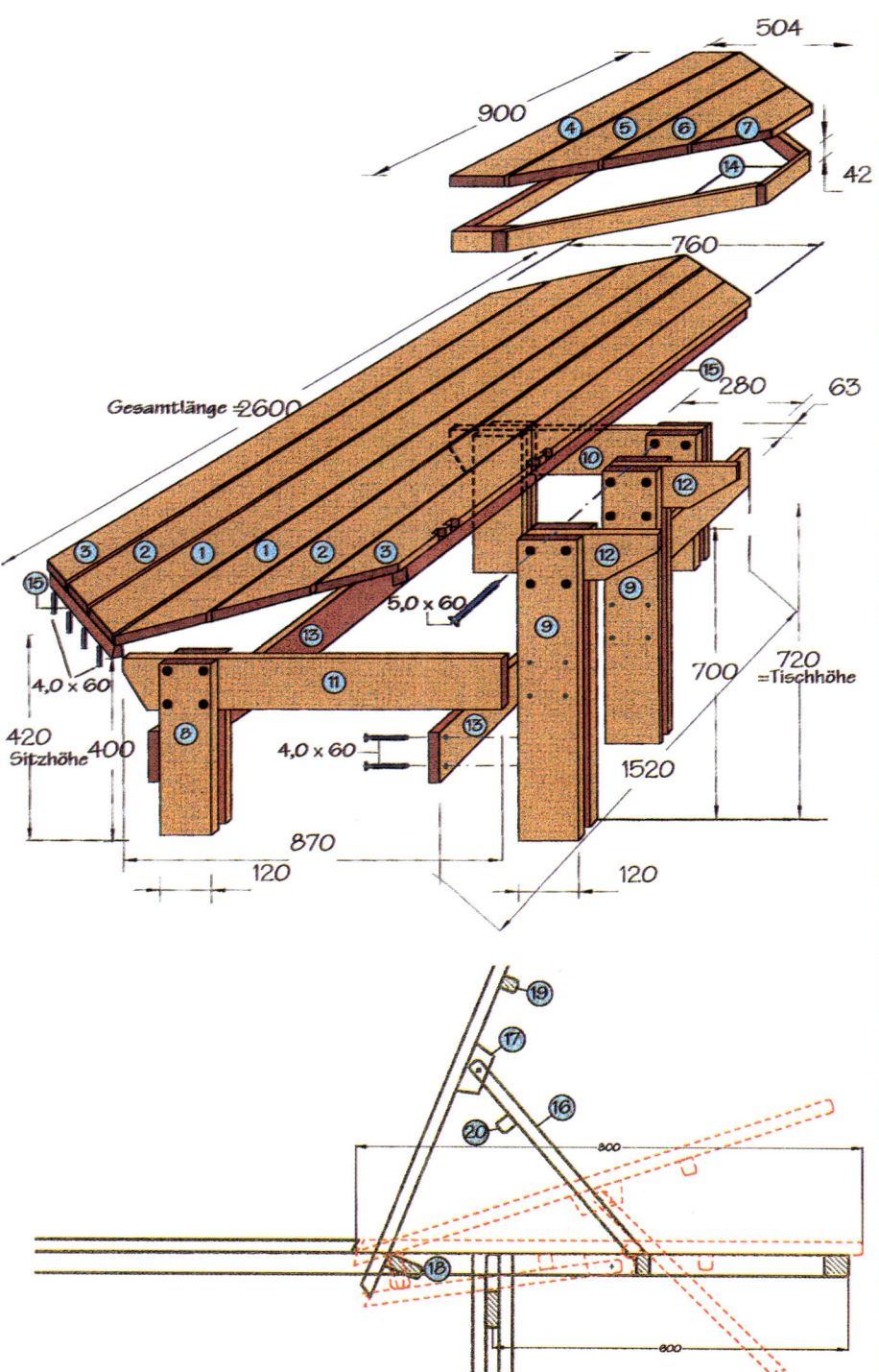

504

900

4 5 6 7

14

42

760

Gesamtlänge = 2600

15 280 63

10

12

3 2 1 1 2 3

12

15

9

13

9

5,0 x 60

9

4,0 x 60

11

8

4,0 x 60

13

700

720
=Tischhöhe

420
Sitzhöhe 400

1520

870

120

120

Die farbig unter-
legten Positions-
ziffern finden
sich auch in der
Materialliste und
erlauben die
leichte Zuord-
nung der Einzel-
teile

Das Prinzip
der verstellbaren
Rückenlehne in
den drei unter-
schiedlichen
Stellungen

19

17

16

20

800

18

800

(Abmessungen in mm, Maße in <>, d. h. bei der Montage einpassen)
Kaufhinweis: 11 St. 3900 mm lange Bretter aus Gartenholz „Kiefer";
Holzschrauben aus Edelstahl rostfrei.

Holz für Garten-
möbel darf nicht
so rau sein wie
die häufig recht
grob bearbeite-
ten Bodenhölzer.
Üblicherweise
kann man sich
das Produkt aber
vor dem Kauf
ansehen und da-
bei allzu unge-
eignete Bretter
aussortieren

Position

	Position				
❶	Sitzfläche	21	x 120	x 2600/2360	(2 St.)
❷	Sitzfläche	21	x 120	x 2344/2140	(2 St.)
❸	Sitzfläche	21	x 120	x 2088/1848	(2 St.)
❹	Tischfläche	21	x 20	x 900	(1 St.)
❺	Tischfläche	21	x 120	x 900/660	(1 St.)
❻	Tischfläche	21	x 120	x 642/402	(1 St.)
❼	Tischfläche	21	x 120	x 386/146	(1 St.)
❽	Bankbeine	21	x 120	x 400	(6 St.)
❾	Tischbeine	21	x 120	x 700	(4 St.)
❿	Querstück	21	x 120	x 698	(1 St.)
⓫	Querstück	21	x 120	x 848	(1 St.)
⓬	Tischträger	21	x 120	x <280>	(2 St.)
⓭	Längszarge	21	x 120	x 1520	(2 St.)
⓮	Verstärkung Tischplatte	21	x 35	x ca. <400>	(1 St.)
⓯	Verstärkung Sitzfläche	21	x 35	x ca. <5800>	(1 St.)
⓰	Lehnenstütze	21	x 120	x ca. <450>	(1 St.)
⓱	Gelenkklötze	21	x 30	x 80	(2 St.)
⓲	Gelenkquerverbindung	21	x 60	x 700	(1 St.)
⓳	Querstück	21	x 30	x 500	(1 St.)
⓴	Stoppleiste	21	x 30	x 120	(1 St.)

Zubehör

- ca. 40 St. Senkkopf-Holzschrauben 5,0 x 60
- ca. 100 St. Senkkopf-Holzschrauben 4,0 x 50
- 100 g wasserfester Holzleim
- 750 ml „OsmoColor" Einmallasur nach Wahl

Hinweis: zwei Längenmaße mit / getrennt bezeichnen jeweils die lange
und die kurze Kante der Bretter, bei einem Schnittwinkel von 45 Grad.

Vorgartenzaun

Attraktive Grenze zwischen privatem und öffentlichem Bereich

Gründung, Pfosten setzen und Montage

Gartenzäune markieren den privaten Bereich, ohne Besucher auszugrenzen oder wie eine unüberwindliche Barriere zu wirken. Diesen Eindruck erweckt dagegen beim Selbermacher oft die Geländeform, die einen zwingenden Einfluss auf die Auswahl der günstigsten Bauelemente hat.

Nicht jede Fläche ist waagerecht

Fertigelemente sind für waagerechte und ebene Gelände vorgesehen. Eine Steigung lässt sich dagegen nur mit einem individuellen Zaun aus Einzelteilen gestalten. Die zeichnerische Planung auf dem Papier wird dann unabdingbar. Nur über sehr kurze Distanzen bis etwa vier Meter genügen noch ein gerades Brett und eine Wasserwaage, um die Steigung (oder das Gefälle) zu ermitteln. Die einfachste Möglichkeit bleibt eine improvisierte Schlauchwaage.

Dazu klebt man etwa 20 cm lange Plexiglasrohre mit Epoxidharzkleber in zwei Hahnanschlussstücke und steckt sie in die Kupplungen des mit Wasser gefüllten Gartenschlauchs. Der Wasserspiegel in den beiden Rohren zeigt genau die waagerechte Ebene. Luftblasen im Wasser entfernt man nach und nach mit mehrfachem, leichtem Druck auf den Schlauch. Färbt man das Wasser in den Rohren mit Lebensmittelfarbe, ist der Wasserspiegel noch besser erkennbar.

Eine Zeichnung als Basis

Anhand einer straff von Pfosten zu Pfosten gespannten Maurerschnur lässt sich dann das Gefälle abmes-

Die äußeren Pfosten einer Reihe werden mit in den Boden geschlagenen Nivellierlatten markiert. Daran die Schlauchwaage zunächst nur ungefähr befestigen, Wasser nachgießen und danach genauer justieren

Die Abbildung zeigt, dass bei der gestuften Form mit fünf Prozent Steigung die Felder schmaler sind und damit die gleiche Zaunlänge mehr Pfosten erfordert

sen und in eine Zeichnung übertragen. Nur auf diese Weise können Sie sich ein Bild machen, welcher Zaunform Sie den Vorzug geben und in welchen Abständen die Pfosten zu setzen sind. Vorgefertigte Einzelteile bestimmen das Standard-Achsmaß von Mitte zu Mitte Pfosten mit 1890 mm, für eine Feldbreite von 1800 mm bei 90 x 90 mm-Pfosten. Auch bei kleineren Ausgleichsfeldern werden zum Beispiel 52 mm Abstand zwischen 68 mm breiten Profilen eingehalten. Geringe Differenzen lassen sich mit dem Abstand von 26 bis 52 mm zwischen letztem Profil und Pfosten ausgleichen. Manche Holzhändler haben einen Computer und verfügen über Zeichenprogramme, die im Handumdrehen Ansichten und eine Übersicht über den Materialbedarf erstellen – vorausgesetzt natürlich, Sie haben vorher die Geländeform genau ausgemessen und skizziert.

Den Handbagger mit Schwung ins Erdreich stoßen und mit drehenden Bewegungen das Erdreich lockern. Die lose Erde lässt sich, zwischen den Schaufelschalen eingeklemmt, herausheben

Gruben bohren lohnt sich bei langen Zäunen mit vielen Pfosten. Ohne Handbagger bekommt man die Erde aber nicht restlos aus dem Loch

Für Steigungen über fünf Prozent, das sind mehr als 5 cm je Meter, kann man nur die Bauform des stetig ansteigenden Zauns verwenden. Der lässt sich dafür aber auch noch über Böschungen mit 45° (also 100 % Steigung) und mehr führen. Bei Steigungen unter fünf Prozent ist die optisch schönere, gestufte Form möglich.

Die Verankerung

Für die Gründung der Zaunpfosten hat man, unabhängig von der Geländeform, die Wahl zwischen verschiedenen Varianten:
- lange Pfosten tief eingraben,
- kurze Pfosten an Stahlankern einbetonieren oder
- kurze Pfosten in Pfostenträgern auf hohen Kantensteinen oder Hochbordern verankern.

Die solideste Befestigung für alle Pfostenarten – ob für Zaun, Pergola oder Carport – ist die frostfreie Gründung auf einem Betonsockel, der bis in 80 cm Tiefe reicht. Dann ist man gegen frostbedingte Veränderungen im Erdboden abgesichert.

Auch ein durchgehender Sockel aus schweren, mindestens 50 cm tief in der Erde eingelassenen Betonfertigelementen bildet eine gediegene Basis. In ansteigendem Gelände müssen die aufzuschraubenden Pfostenträger jedoch verstellbar sein. Frostfrei gegründet ist

eine derartige Basis – wie übrigens auch ein gemauerter Sockel – aber erst auf einem armierten Betonfundament, das wenigstens 80 cm in die Tiefe reicht.

Erdarbeiten

Die notwendigen tiefen, aber engen Gruben lassen sich, zumindest auf einem fertig begrünten Grundstück, nicht mehr mit Spaten und Schaufel ausheben.

Mit etwas Krafteinsatz und dem Handbagger ist diese Arbeit relativ leicht zu bewältigen. Größere Fremdkörper im Untergrund sollten Sie mit einem langen Brecheisen oder einem ähnlichen Werkzeug lockern können.

Erheblich leichter und präziser lässt sich mit einem Erdbohrgerät arbeiten, sofern der Untergrund weder große Steine noch Bauschutt enthält. Solche Geräte sollte man sich am besten ausleihen.

Zeitaufwändiger, dafür mit weniger Kraft und nahezu chirurgischer Präzision, lassen sich die Gruben auch mit einem Blumenzwiebelpflanzer tief genug ausbuddeln.

In jedem Fall wird der obere Grubenrand zuerst kreisrund um einen Blumentopf von 14–16 cm Durchmesser ausgestochen. Das hat den Vorteil, dass man einen genauen Umriss erhält und die begrünte Fläche möglichst wenig verändern muss.

Pfosten aufstellen

Zum Einbetonieren nehmen Sie am besten etwa 55 cm lange, feuerverzinkte Winkelanker, weil sie bis zu 35 cm tief in den Beton reichen können. Bei Zaunpfosten genügen Schlüsselschrauben zur Befestigung. Wenn man die Anker beidseitig und spiegelbildlich an den Pfosten schraubt, sind an der Frontseite nur die schmalen Kanten des Stahlblechs zu sehen. Vor allem bleibt so, im Gegensatz zur diagonalen Anbringung, eine breite Öffnung für Beton und Stampfholz. Zum Ausrichten der Pfosten in gleicher Höhe werden zunächst die Endpfosten in einer Reihe aufgestellt. An einer zwischen diesen Pfosten über die Oberkante gespannten Kordel lassen sich Höhe und Flucht der anderen Pfosten ausrichten.

Die Pfosten richtet man genau aus, indem man zunächst alle Gruben bis zu einem gemeinsamen Niveau mit Beton füllt. Diese Ebene muss in allen Gruben den gleichen Abstand zur Richtschnur haben, sodass die gestützten Pfosten mit den Ankern auf gleicher Höhenlinie stehen können.

Anstelle der Betonfüllung für die Höhenlinie kann man auch jeweils zwei Bretter hochkant und quer über der Grube aufstellen. Dazwischen werden die Pfosten, der Höhe nach ausgerichtet, festgespannt oder verschraubt. Diese

Querstücke behindern zwar etwas beim Betonieren und Verdichten, man kann die Gruben jedoch in einem Zug ganz füllen.

Die Pfosten richtet man nach der Wasserwaage oder dem Senklot genau vertikal aus. Dabei stützen Hilfslatten, festgespannt oder mit einer Schraube fixiert, nach allen vier Seiten ab.

Alternative zum herkömmlichen Verfahren

Für Heimwerker praktikabler ist ein anderes Verfahren: Jeweils ein Pfosten nach dem anderen, an einem

Mit dem Zwiebelpflanzer graben ist bei nur wenigen Pfosten sinnvoll, aber immer die preisgünstigste Möglichkeit

Kleinere Mengen Beton mischen

Mindestens ein Teil Zement zu sechs Teilen gewaschenem, mäßig feuchtem Kies wird im Mörteleimer ohne Wasserzusatz gründlich gemischt. Zement und Kies zieht man mit der Maurerkelle stets von unten nach oben, bis alles eine gleichmäßig graue Farbe hat.

Es wird nur wenig Wasser zugegeben. Die Mischung darf höchstens erdfeucht sein. Sonst lässt sie sich nicht mit einem Kantholz als Stampfer verdichten. Spezielle Kunststoffdispersionen vergüten den Beton. Er wird trotz weniger Wasser schlanker, leichter zu verarbeiten und fester. Bis der Beton durchgehärtet ist, können trotzdem einige Tage vergehen.

Die Betonmenge entspricht höchstens der Kiesmenge. Zement und Wasser füllen nur die Hohlräume zwischen den Kieskörnchen.

Dreibeinbock hängend, wird in Schnellbeton fixiert. Die Betonmischung wird leicht fließend portionsweise für eine Grube mit Schnellzement angemacht. Schnellzement ist teuer. Um möglichst wenig davon zu verbrauchen, kann man den Grubengrund mit kleineren Feldsteinen oder groben Kieseln bis knapp unter die Winkelanker füllen. Die Mischung muss noch leicht in die Zwischenräume fließen können und soll die Grube so hoch füllen, dass die Anker gut 5 cm in den Schnellbeton reichen.

Die Abbindezeit muss man, abhängig von der Umgebungstemperatur, durch Tests bestimmen. Je nach Zementanteil (Standard: 1 Teil Zement, 4 Teile Kies) ist diese Mischung nach zehn bis zwanzig Minuten fest. Der Pfosten steht dann von allein senkrecht.

Jetzt kann normaler, nur erdfeuchter Beton bis knapp unter die Oberkante der Grube eingefüllt und verdichtet werden. Wenn Sie täglich nur einen Pfosten setzen, oder mehrere Dreibeinböcke einsetzen,

können Sie diese Methode natürlich auch mit Normalbeton praktizieren.

Zaunprofile montieren

Die Querriegel werden in der Regel einfach auf die Pfostenrückseite geschraubt. Auch dabei dient die Richtschnur wieder zum perfekten Ausrichten der Holzprofile.

Wenn der Zaun eine stumpfe Ecke über 120° bilden soll, können die Enden der Riegel noch an die Pfostenfläche angepasst werden. Dabei läßt man den Fuchsschwanz an einer Leiste anliegen, die genau so dick ist wie das abfallende Stück vom Riegel. An Ecken zwischen 90° und 120° werden die Querriegel an entsprechend aufgebogenen Elementhaltern für Sichtschutzelemente montiert.

Mit der Montage der senkrechten Zaunprofile beginnt man exakt in der Mitte zwischen den Pfosten, je nach Feldbreite entweder mit der Zaunlatte oder dem Zwischenraum auf der Mitte. In der Höhe werden auch diese Profile an der Schnur ausgerichtet. Die genau lotrechte Richtung wird mit der Wasserwaage kontrolliert.

Eine Schablone aus einem Distanzklotz für die gewählten Zwischenräume und einer mit Alublech verstärkten Platte zum

Oft wird empfohlen, dass ein Helfer die Wasserwaage an den Pfosten hält und kontrolliert, während der Beton eingefüllt wird. Selbst bei häufiger Übung kann das kaum zu einem akzeptablen Ergebnis führen

❶ Schlüsselschrauben lassen sich mit der Umschaltknarre und passender Stecknuss am besten eindrehen

❷ Die Hilfslatten stützen sich am Erdboden gegen eingeschlagene Zeltheringe oder Pflöcke ab

❸ An einem selbstgebauten Dreibeinbock hängen die Pfosten automatisch im Lot

❹ Von einem Plastik-Blumentopf mit 18 cm Durchmesser 10 cm vom oberen Rand abtrennen und als Betonschalung über den Pfosten stülpen. Mit erdfeucht angemachtem Fertigmörtel gefüllt, gibt das einen sauberen Abschluss um die Pfostenanker

❺ Zum Anpassen die Riegel provisorisch am Pfosten festspannen, um die Enden schräg abzusägen

❻ Zur Montage die senkrecht ausgerichteten Profile an den Querriegeln festspannen und die Schraublöcher durch die Schablone vorbohren

Zaunprofile mit
gerundeten und
gefasten Kanten
vermitteln einen
wesentlich gedie-
generen Eindruck
als billige,
scharfkantige
Latten

Die hohe Qualität der Einmallasur genügt,
auch wenn Sie die nur einmal auftragen,
als Anstrich für viele Jahre

Mit einem Japanspachtel kann man die
Metallkanten abdecken, die keine Farbe
abbekommen sollen

Vorbohren der Schraublöcher prä-
zisiert und erleichtert diese Monta-
gearbeit.

Oberflächen-
behandlung

Die Oberflächenbehandlung ist an
den Einzelteilen leichter als am fertigen Zaun. Um die senkrechten
Profile in einem Arbeitsgang auf
allen Flächen zu behandeln, dreht
man eine größere Schraube als
Griff auf der Rückseite (linke Brett-

seite, siehe Seite 10) ein. An dieser
Schraube können Sie das Profil
gleich an den fertig montierten
Querriegeln zum Trocknen aufhän-
gen. Die unbehandelte helle Stelle
um die Schraube, der Querriegel
wird sie anschließend verdecken,
kennzeichnet die Rückseite des
Profils.
Pfosten und Querriegel können
Sie fertig montiert anstreichen. Die
Farbe sollten Sie jedoch auf das
Holz beschränken, um keine auffäl-
ligen Übergänge zwischen den einzelnen Werkstoffen zu bekommen.

Tipps

Schon bei der Planung sollte
man überlegen, was man mit der
ausgehobenen Erde macht. In der
Regel ist sie nur als Füllboden
für Flächen verwendbar.
Bei einer nicht frostfreien Grün-

dung, also weniger als 80 cm
tief, muss ein niedriger Zaun
durch Veränderungen im Untergrund nicht zwangsläufig schief
aussehen, an hohen Pfosten wird
es jedoch deutlicher sichtbar.

Spielpyramide

Fantasievoll spielend üben

Sicherheit hat Vorrang

Bäume zum Klettern haben auf Kinder seit jeher eine ganz besondere Anziehungskraft ausgeübt. Die hier vorgestellte dreibeinige Mastpyramide kann, erweitert um sinnvolles Zubehör, der Spielfantasie noch mehr Anregungen bieten als nur das Klettern auf Leitersprossen und Maststufen.

Mit Leine, Seil und Rolle können sich die Spielkameraden als Schiffsbesatzung auf hoher See fühlen. Eine Plane macht die Pyramide zum Zelt, und der erhöhte Zwischenboden bietet eine saubere Spielebene.

Stabilität und Sicherheit stehen im Vordergrund. Das erfordert einen gewissen Aufwand – auch wenn die Materialkosten für die Pyramide unter dem Strich billiger ausfallen als für vergleichbares Spielgerät aus dem Laden.

Nicht nur die lange Haltbarkeit spricht für die naturnahe Holzkonstruktion. So kann der Mast schon einmal als feste Leiter zur Krone des Kirschbaums reichen. Auch das Firstseil fürs Partyzelt kann hier aufgehängt werden. Wenn nötig lässt sich auf dem Gerüst auch das

Zwei Balken mit relativ geringem Querschnitt kann man in dieser statisch günstigen Form zu einem dauerhaften, besonders elastischen Mast zusammenfügen

Gras der Gartenwiese zu Heu trocknen, oder Strauch- und Baumschnitt bis zur Verwertung sauber lagern.

Wie man sieht, eignet sich die Spielpyramide nicht nur zum Herumtollen der Kinder. Es lohnt sich also, bei der Standortwahl schon an die späteren Nutzungsmöglichkeiten zu denken.

Überlegungen zur Statik

Zunächst wenden wir unsere Aufmerksamkeit der Standfestigkeit der Pyramide zu. Gegen seitlich einwirkende Kräfte ist eine Dreieckkonstruktion besonders unempfindlich. Das ist der Grund für die Wahl dieser Anordnung.

Die Stützen werden hauptsächlich mit Druck in der Stützrichtung belastet. Deshalb ist für sie das einfache Eingraben ausreichend.

Der Mast muß jedoch fest im Boden verankert werden, weil er Zugbelastungen aushalten muss. Er steht in einer 1 m tiefen Grube in Beton, zusammen mit Feldsteinen oder Geröll. Eine Querverbindung zwischen den beiden Balken wirkt möglichen Zugbelastungen entgegen. Außerdem sollte die Grube nach unten hin etwas weiter ausfallen als am oberen Rand. Wahrscheinlich werden die im Holz wirkenden Kräfte im Zusammenwirken mit Nässe und Frost vermutlich den Betonblock sprengen. Das wirkt sich bei einer Dreieckkonstruktion – im Gegensatz zu lotrechten Stützen ohne diagonale Aussteifung – jedoch nicht nachteilig aus.

Ohne Ständer für die Bohrmaschine und sicheren Halt der Werkstücke im Maschinenschraubstock lassen sich Bohrungen in schräge Flächen kaum herstellen

In einer mit Alufolie ausgekleideten Schale können Sie kleine Teile auch gut durch Tauchen intensiv imprägnieren

Vorbereiten der Bauteile

Vor dem Beginn der Erdarbeiten bereiten Sie zunächst die Holzkonstruktion vor. Wie sich die Verbinder für die Mastbalken fast ohne Abfall zurichten lassen ist in der Zeichnung dargestellt. Anhand einer Kartonschablone aufgezeichnet, werden die Einzelstücke mit dem Fuchsschwanz zugeschnitten, falls dafür keine Tischkreissäge zur Verfügung steht.
Für die Verbindungsbohrungen bohrt man zunächst die großen Vertiefungen für die Nietscheiben aus. Erst anschließend wird die durchgehende Bohrung für die Schlossschraube hergestellt. Das gelingt an den trapezförmigen Stücken allerdings nur, wenn Sie die Maschine exakt im Bohrständer führen und Teile fest einspannen.

Alle bearbeiteten Flächen müssen mit Holzschutzimprägnierung behandelt werden. Man kann die relativ kleinen Teile in die Imprägnierung tauchen, bis das Holz genügend von dem Mittel aufgesogen hat. Auf alle anderen Stirnflächen und ausgebohrten Vertiefungen, die beim Bearbeiten freigelegt werden, trägt man die Flüssigkeit mit dem Pinsel auf. Die Teile werden erst weiterverarbeitet, wenn sie völlig trocken sind. Eine andere Möglichkeit ist, die freigelegten Flächen erst nach dem Verarbeiten zu imprägnieren.
An den Mastbalken fixiert man zuerst die Widerlager mit Holzschrauben und sichert mit einer durchgehenden Schlossschraube.

Für Durchmesser über 12 mm sind Flachfräsbohrer eine preisgünstige Alternative zu Zylinderkopf- oder Forstnerbohrern

Kerzenwachs auf dem Gewinde von Holzschrauben erleichtert das Eindrehen der Schraube

Dann können Sie Mastbalken und Stützen zunächst provisorisch zu den Gebinden zusammenfügen, um für das spätere Aufstellen zuverlässige Fixpunkte zu erhalten. Dazu gehört auch die „theoretische Horizontlinie", die, zum Beispiel in Höhe der Ebene für den Zwischenboden, durch provisorisch aufgeschraubte Distanzleisten gebildet wird. Diese halten zugleich den richtigen Abstand im unteren Bereich der Gebinde.

Stufenleiter zur Spitze

Der Mast soll sich später im Gelände zur Waagerechten um etwa 30°, die Stützen um etwa 15° neigen. Das erreichen Sie, wenn Mast und Stütze an der Basis, 2250 mm voneinander entfernt, durch aufgeschraubte Hilfslatten fixiert werden.

Die Balken für den Mast werden vor dem Aufrichten komplett zusammen montiert. Die Sechskantmuttern an den Schlossschrauben liegen zwar relativ geschützt an der Unterseite des Masts. Die Enden der Gewinde sollten trotzdem wegen der Verletzungsgefahr nicht überstehen.

Diese Schrauben sind in der Regel jedoch selten in rostfreiem Edelstahl erhältlich, außer vielleicht beim Yachtausrüster. Bearbeitete Flächen an verzinkten Schrauben

Muttern auf Metallgewinden sollte man mit Gewindesicherung gegen unbeabsichtigtes Lösen fixieren

sind deshalb rostgefährdet und entsprechend zu schützen.

Dabei geht man folgendermaßen vor: Den Gewindestummel

- absägen und bündig zur Sechskantmutter
- feilen. Geeigneten Rostumwandler als
- Grundierung auftragen und alle Metallflächen
- lackieren.

Farbiger Acryllack eignet sich besonders gut, weil er auch auf noch unbewitterten, verzinkten Flächen hält. Eine Kontrastfarbe, in unserem Beispiel blau, kann als dekoratives Element wirken. Auch eine Schicht Epoxidharzkleber auf der frisch abgefeilten Fläche wirkt als guter Rostschutz.

An der Spitze verstärken jeweils zusätzlich zwei lange Holzschrauben die Befestigung der massiven Ringmuttern. Denn an diesem Punkt können, zum Beispiel beim Schwingen am Kletterseil, beträchtliche Kräfte auftreten.

Genaue Maße vor Ort nehmen

Querholme, Sprossen und Zwischenboden werden nun an den bereits aufgestellten und verankerten Gebinden angepasst, zugerichtet und montiert. Erst dann lassen sich die korrekte Anordnung und damit die genauen Maße der Einzelteile feststellen.

Die Mittelpunkte der Gruben liegen auf einem Kreis mit 2100 mm Durchmesser, an den Spitzen eines gleichschenkeligen Dreiecks mit 1820 mm Seitenlänge.

Mit einem provisorisch aus Hilfslatten zusammengefügten Dreieck lässt sich der Standort genau ausprobieren und bestimmen. In den Erdboden eingetriebene Pfähle markieren dann Lage und Richtung der Gruben.

Im Kreismittelpunkt befindet sich ein senkrechter Pfahl, der mit seinem Kopf gleichzeitig die Oberkante des Zwischenbodens (280 mm über Erdoberfläche) markiert. Die Neigung von Mast und Stützen deuten schräg eingeschlagene Pfähle an. Sie wirken so auch richtungweisend beim Bohren oder Graben.

Der Grund der tiefen, ovalen Mastgrube wird erst mit festgestampftem Geröll so weit gefüllt, dass der Mast 80 cm unter der Erdoberfläche festen Boden hat. Eine Markierung mit Klebeband am Stampfholz erleichtert die Kontrolle.

Auf-, Ausrichten und Verankern

Die Stützen werden mit Schraubzwingen an quer über den Gruben liegenden Brettern festgespannt. Auf diese Weise kann man die Höhe der Stützen, und damit den Stand der Gebinde, sehr genau

Vorläufige Verbindungen, zum Aufstellen der Balken wieder gelöst, erleichtern das Aufrichten und Zusammenfügen der Konstruktion

Einzelteile möglichst mit Schraubzwingen korrekt zueinander fixieren. Das erleichtert die Herstellung solider Schraubverbindungen

Besonders beanspruchte Befestigungen im Holz lassen sich durch knapp daneben eingedrehte Schrauben verstärken

Das Gras auf der Stellfläche möglichst kurz mähen, um einen unbehinderten, sauberen Arbeitsbereich zu haben

Ausreichend feuchter Boden verhindert, dass wieder Erde von den Seitenwänden in die enge Grube fallen kann

Die Teigspritze aus der Küche, mit Sand gefüllt an einer Kordel hängend, ist ein brauchbarer Ersatz für ein Senklot

regulieren. Die Pyramide steht dann korrekt, wenn ein Senklot vom zweiten Verbinder von oben genau auf die Mitte zwischen den Fußpunkten der beiden Stützen zeigt. Vorausgesetzt natürlich, die Maße in der Zeichnung wurden weitgehend eingehalten.

Dann kann die Mastgrube mit erdfeuchter Betonmischung sorgfältig und schichtweise gefüllt und verdichtet werden. Sie benötigen weniger Beton, wenn Sie saubere Feldsteine oder gewaschenes Geröll mit in die einzelnen Betonschichten einstampfen (siehe Seite 45 „Kleinere Mengen Beton mischen"). Die Gruben der Stützen füllt man nur so weit mit verdichtetem Beton, bis die Balken eine feste Standfläche haben. Wenn der Beton hart ist, wird der restliche Hohlraum mit festgestampftem Kies aufgefüllt.

Wo Grassoden bündig an das Holz anstoßen, ist eine etwa 15 cm hohe Manschette aus Teichfolie sinnvoll. Damit sich die PVC-Folie eng um das Holz gespannt anklammern lässt, wärmt man den Schutzstreifen zuvor an. Dann wird der Kunststoff weich und elastisch.

Der Vollendung entgegen

Die abfallenden Balkenenden der Stützen werden als Auflage für den Zwischenboden verwendet.

Durch seine Imprägnierung ist Gartenholz zwar gut geschützt, die Manschette aus Teichfolie bietet aber zusätzliche Sicherheit

Von dem Pfahl im Zentrum aus, mit Richtlatte und Wasserwaage, die Horizontleisten auf nivelliertes, das heißt akkurat waagerechtes Niveau kontrollieren

Zunächst fixiert man nur die waagerechte Lage dieser Querholme, 256 mm über Bodenniveau, und markiert die Bohrlochmittelpunkte. Auch hier, sowie bei den Sprossen, werden zunächst die Vertiefungen ausgebohrt, anschließend stellt man die durchgehende Bohrung für die Schraube her. Die Sechskantköpfe der Schlüsselschrauben sollen nicht auf dem Holz, sondern vertieft liegen. Hervorstehende Schraubenköpfe könnten sonst Verletzungen herbeiführen.

Der Zwischenboden liegt lose auf den Querholmen. Die einzelnen Bretter werden auf der Unterseite, jeweils am Rand und einmal in der Mitte, durch aufgeschraubte Querleisten zusammengehalten. Dazu legt man die Bretter auf ebener Fläche, mit 10 mm dicken Abstandklötzchen für die Fugen, aneinander. Die Leisten am Rand sollen anschließend so eng an den Querholmen liegen, dass der Zwischenboden fest eingeklemmt ist. Er darf insgesamt aber nur so tief werden wie die Diagonale zwischen Querholm und erster Sprosse. Dann passt der Boden durch diese Öffnung, um ihn lose einzulegen oder wieder zu entfernen. Die Maße dafür können Sie nur an der fertigen Pyramide ermitteln.

Perfektion bringt Sicherheit

Beim Anbringen der Sprossen ist ein 212 mm breiter Abstandhalter aus Leisten hilfreich. Trotzdem ist die zusätzliche Kontrolle mit der Wasserwaage sinnvoll. Denn schräge Sprossen oder ungleiche Abstände machen den Benutzer genauso unsicher wie ungleiche Treppenstufen.

Die Schraubverbindung zwischen Sprossen und Balken sollten Sie besonders gewissenhaft ausführen, damit die zwei Schrauben an jedem Sprossenende auch allen Belastungen standhalten.

Deshalb sollten Sie ganz exakt vorbohren (3,5 x 25 mm tief), das Balkenholz zusammenspannen und die gewachsten Schrauben gefühlvoll und ohne Gewalt eindrehen. Edelstahl ist weicher als normaler Stahl von Markenschrauben. Wenn man viel Kraft beim Eindrehen aufwenden muss, besteht die Gefahr, dass man die Schraube unbemerkt abdreht.

Nur wenn das eigene Körpergewicht die Einzelteile zusammenpresst, sollten Sie schlanke Schrauben, mit Gewinde bis unter den Kopf, eindrehen ohne vorzubohren

Fachgerecht verarbeitete Seile und Beschläge kann man sich in der Taklerei vom Yachtausrüster anfertigen lassen

An den Querholmen entstehen stumpfere Ecken, wenn man sie entlang der Balkenkante etwas schräg mit dem Fuchsschwanz absägt

Schrauben in engem Abstand können schmale Hölzer spalten, wenn man sie nicht um wenige Millimeter gegeneinander versetzt

Das fertige Bauwerk lädt ein! So kann es zur Attraktion nicht nur für die eigenen Kinder werden

Materialbedarf

(Abmessungen in mm. Maße in <>, d. h. bei der Montage einpassen)

Kaufhinweis: Gartenholz „Kiefer"; Holzschrauben, Blockrolle, Kauschen, Ring und Schäkel aus Edelstahl rostfrei, alle anderen Zubehörteile aus Stahl verzinkt.

Position	Maße/Anzahl		Einkauf
❶ Mast	45 x 120 x 4500	(2 St.)	4 Balken 45 x 120 x 4500
❷ Stützen	45 x 120 x 2700	(2 St.)	aus Balken 45 x 120 x 4500 zuschneiden (s. o.)
❸ Querholme	45 x 120 x 1680	(2 St.)	aus Balken 45 x 120 x 4500 zuschneiden (s. o.)
❹ Widerlager	45 x 120 x 120	(2 St.)	aus Balken 45 x 120 x 4500 zuschneiden (s. o.)
❺ Verbinder	45 x 70 x <260/120°>	(6 St.)	1 Kantholz 45 x 70 x 1800
❻ Sprossen	28 x 68 x <600–1440>	(10 St.)	8 Latten 28 x 68 x 1890
❼ Spielboden	24 x 160 x <700–1650>	(6 St.)	2 Bretter 24 x 160 x 4500
❽ Querleisten	21 x 35 x <1400–1750>	(3 St.)	2 Leisten 21 x 35 x 3000

Zubehör

- 16 St. Schlossschrauben M8 x 90 mit Mutter und 32 St. 24-mm-Nietscheiben (siehe ❾)
- 8 St. Schlüsselschrauben 8,0 x 100 mit 22-mm-Nietscheiben (Querholme, siehe ❿)
- 40 St. Schlüsselschrauben 6,0 x 80 mit 18-mm-Nietscheiben (Sprossen, siehe ❿)
- 12 St. Holzschrauben 7,0 x 80 zur Fixierung von Mast/Stütze (siehe ⓫)
- 36 St. Holzschrauben 4,0 x 40 für Spielboden/Querleisten (siehe ⓬)
- 4 St. Holzschrauben 6,0 x 100 zur Sicherung der Mastspitze (siehe ⓭)
- 2 St. Ringmuttern M10 x 55 (siehe ⓮)
- 2 St. Maschinenschrauben M10 x 60 und 4 St. 40-mm-Nietscheiben (siehe ⓮)
- 20 m Perlonseil, ∅ 15 mm, mit eingesplissenen Kauschen, 1 St. Blockrolle, ∅ 50 mm, 1 St. Schäkel M6
- 4 m Hanfkletterseil, ∅ 26 mm, mit eingesplissenem Ring und Rundstab, ∅ 25 mm, 200 mm lang, 1 St. Schäkel M8

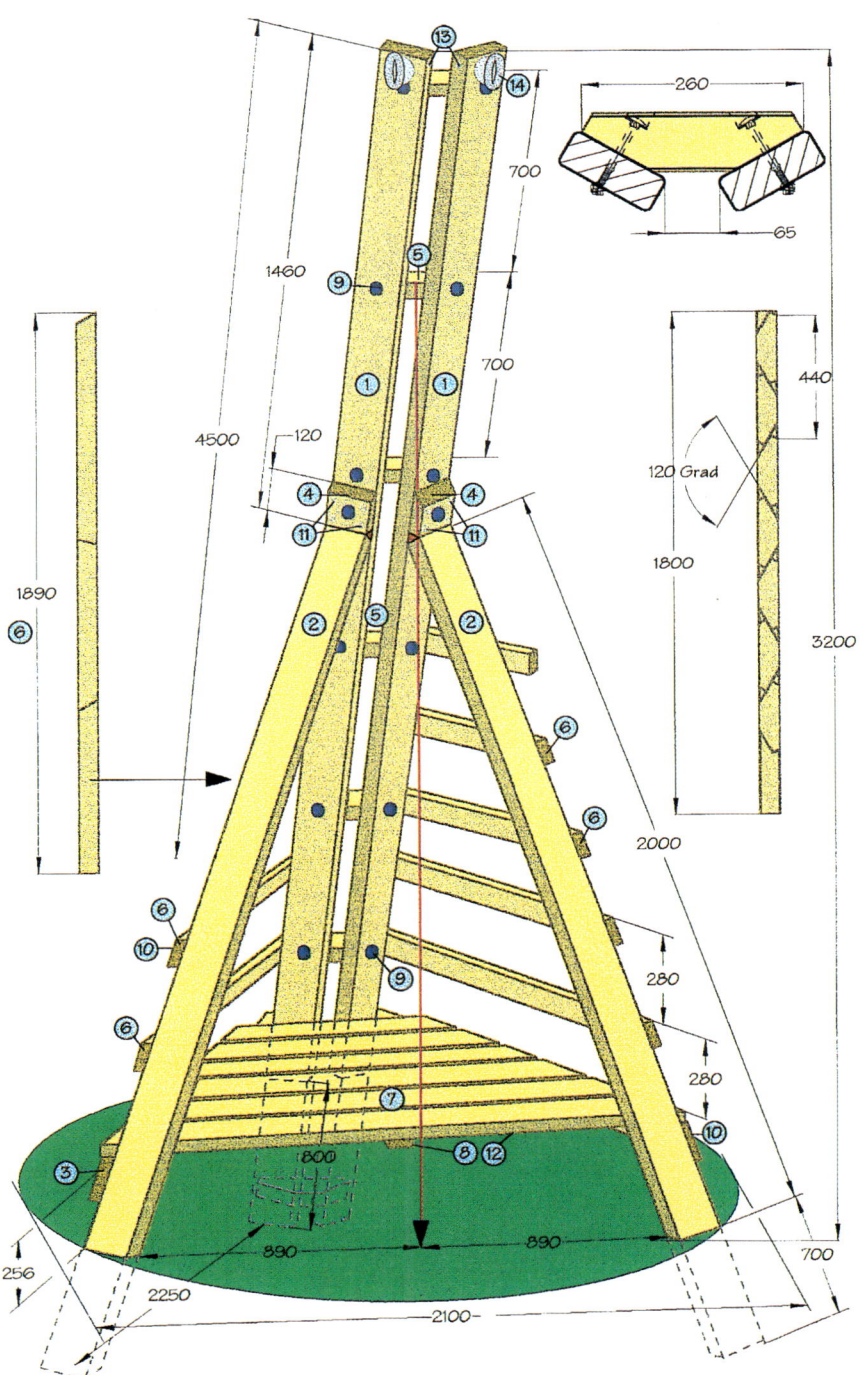

Die farbig unterlegten Positionsziffern finden sich auch in der Materialliste und erlauben die leichte Zuordnung der Einzelteile

Gerätekammer

Schutz für Gartengeräte, Bikes und Sammelbehälter

Betonsockel, Fachwerk, Wandelemente und Dach

Grundstücke sind heute meist knapp bemessen. Das verfügbare Areal ist aber immerhin oft noch so groß, dass man Geräte zur Anlage und Pflege des Gartens benötigt. Auch Fahrräder und motorisierte Zweiräder sowie die verschiedenen Hausmüll-, Wertstoff- und Bioabfallbehälter wollen untergebracht sein. Denn oft fehlt der Keller oder ein direkter Zugang von außen. Eine Gerätekammer nimmt nicht viel Platz weg und schützt vor Witterung und unbefugtem Zugriff.

Die handelsüblichen Gerätehäuschen wirken häufig wie deplatzierte Fremdkörper. Wenn Sie eine ansprechendere Gestaltung anstreben, ist ein Eigenbau, vielleicht sogar im Zusammenhang mit einer Pergola, eine elegante Lösung.

Gemeindeverwaltung informieren

Nach der Bauordnung muss die Aufstellung solcher Bauwerke bei der unteren Baubehörde zumindest angemeldet werden. Je nach Größe, Nutzung und Veränderung der Fassadenansicht ist die Baumaßnahme sogar genehmigungspflichtig. Eine grundsätzliche schriftliche Anfrage (möglichst einschließlich Skizzen oder Abbildungen) bei der Gemeindeverwaltung kostet nichts, schützt aber vor unangenehmen Überraschungen. Um den leicht entstehenden Nachbarschaftsstreitigkeiten aus dem Weg zu gehen, ist auch das Einverständnis der Grundstücksnachbarn, vor allem bei Eigentümergemeinschaften in Reihenhauswohnanlagen, einzuholen.

Sicheres Fundament

Auch für eine Gerätekammer reicht eine fest gestampfte Bodenfläche, ohne Sturmsicherung in der Erde, keinesfalls. Im Schadensfall läuft das auf den Vorwurf der Fahrlässigkeit hinaus. (Bauten dieser Art sollten Sie ohnehin rechtzeitig Ihrer Versicherung melden.)

Auch eine dicke Schicht Grubensand, planeben verdichtet und abgezogen mit einfachen Gehwegplatten belegt, sowie eingegrabene Ankerlaschen an den Ecken sind wenig besser.

Gartenhäuschen mit Türen und Fenstern sollte man unbedingt frostfrei gründen, sonst könnten sich infolge von Veränderungen im Untergrund klemmende Türen und Fenster einstellen.

Fertigelemente als Baumaterial

Für die hier vorgestellte Geräte-kammer aus Einzelpfosten, Sicht-schutzelementen und Bodenhöl-zern ist die frostfreie Gründung vielleicht etwas zu viel des Guten, weil ausreichende Zwischenräume helfen, die Differenzen auszu-gleichen.

Auf die Verankerung dürfen Sie jedoch schon aus Gründen der Sturmfestigkeit nicht verzichten. Wenn sich die Kammer an eine Hauswand anlehnen oder in eine Ecke drücken kann, ist die Veran-kerung am Mauerwerk allerdings einfacher als mit im Erdboden ein-betonierten Ankern.

Trotzdem wurden als Fundament Lagerbalken auf frostfrei gegrün-deten Fertigbetonsockeln gewählt, um an dieser Stelle einmal die si-cherste Gründungsart zu demons-trieren. Dafür muss die Funda-mentgrube etwa 80 cm tief ausge-hoben werden. Tiefer gefriert der Boden im Winter nur noch in ex-tremen Klimaregionen.

Auf einem von Mutterboden freigeräumten, geebneten Platz lässt sich die Bau-stelle ungehin-dert einrichten

Den Standort exakt einmessen

Bezugsgrenze für die Abmessun-gen und die waagerechte Ebene ist ein Nivelliergerüst aus Latten. Das lässt sich bei geringen Außenab-messungen leichter errichten als ein Schnurgerüst (Seite 70).

Dazu werden an eingeschlagenen Pfählen, etwas weiter auseinander als Länge und Breite der Kammer, Hilfslatten (etwa 18 x 80 mm Pack-latten) waagerecht ausgerichtet an-geschraubt. Von dieser genau waa-gerechten Ebene aus lassen sich die Lage der vier Gruben und die Höhe der Betonsockel genau festlegen.

Die Querlatten lassen sich einfacher und genauer anschrauben, denn eingeschla-gene Pfähle federn beim Nageln

Wenn Sie die Fixpunkte für den rechten Winkel mit farbigem Klebeband markie-ren, erleichtert das die Orientierung

Damit die Sockel winkelrecht zueinander stehen, können Sie die Bezugspunkte im Verhältnis 3 zu 4 zu 5 ausmessen.

Die Sockel sollten etwa zwei Drittel der Lagerbalkenlänge voneinander entfernt stehen. Es genügt, wenn ihre Oberkante den Boden nur knapp überragt.

Beton für die tragende Basis

Mit Spaten und Schaufel lässt sich nur mühsam bis zu 80 cm tief graben, wenn die Grube nicht unverhältnismäßig weit werden soll. Mit Baggerspaten oder Erdbohrer erreicht man leichter die erforderliche Grubentiefe.

Je nach Höhe der Fertigbetonsockel, es gibt sie in Höhen von 40, 50 und 60 cm, füllt man die Grube bis zur Sohlenhöhe der Sockel mit Beton. Um mit weniger Beton auszukommen, lassen sich gewaschene Feldsteine oder Geröll in die nur erdfeuchte Mischung einbetten und verdichten (Seite 45).

Die oberste, etwa 5 cm hohe Schicht wird zum Ausrichten der Sockel etwas angehäuft. Dann lässt sich der Sockel mit leicht drehenden Bewegungen auf das gewünschte Niveau und genau waagerecht ausrichten.

Erst wenn der Beton der Unterfüllung nach 1–2 Tagen erstarrt ist,

Mit einem Baggerspaten, den man sich oft auch gegen geringe Gebühr ausleihen kann, geht das Ausschachten leichter

Ausgeschachtete Gruben sollte man bei Arbeitsunterbrechungen gegen Regen schützen. In zu nassen Gruben bekommt die Betonmischung nicht den notwendigen Kontakt zur Erde

Ein einfaches, in die Füllung mit eingebettetes Drahtgitter gibt der Betonsohle zusätzlichen Halt

Mit leicht drehenden Bewegungen lässt sich der Sockel auf das gewünschte Niveau und genau waagerecht ausrichten

Zum Einzementieren die Schraube in der erforderlichen Stellung zwischen zwei Brettchen klemmen

Auch mit einem Fuchsschwanz lassen sich die 90 x 90 mm Pfosten leicht auf die erforderliche Länge kürzen

Vormontieren der Winkel: Zusammengehörende Ecken kennzeichnen, damit die vorgebohrten Schraublöcher übereinstimmen

wird der Rest der Grube ebenfalls mit Beton ausgefüllt und verdichtet, damit die Fundamentsockel fest im Erdreich verankert werden. Fertigbetonsockel der gezeigten Art sind nicht überall erhältlich. Es gibt in Baustoffmärkten jedoch auch andere Fertigbetonteile, wie zum Beispiel Kantensteine im Format 12,5 x 25 x 50 cm, die man in ähnlicher Art verwenden kann.

Rahmenwerk aus massiven Pfosten

Um die Lagerbalken auf den Sockeln verankern zu können, füllt man die vorhandene Öffnung (sie ist zum Einzementieren von Zaunpfosten aus Stahlrohr vorgesehen) mit Splitt und Beton auf, und zementiert im oberen Bereich eine Maschinenschraube mit dem Sechskantkopf und einer massiven Unterlegscheibe ein. Mit Blitzzement geht das schnell und hält dauerhaft.

Auf jeden Fall müssen die Bohrungen in den Lagerbalken so angebracht werden, dass die Balken genau parallel im entsprechenden Abstand und an den Enden winkelrecht zueinander liegen. Das ist dann der Fall, wenn beide Diagonalen zwischen den Balken gleich lang sind. Das sollte man bereits vor dem Einsetzen der Ankerschrauben kontrollieren, um et-

Die Mutter nur leicht anziehen, damit diese Verbindung nicht ausbricht, wenn sich das Holz dehnt

Die durchgehende Leiste in der Mitte unter den Bodenbrettern ersetzt einen sonst notwendigen dritten Lagerbalken

waige Differenzen berücksichtigen zu können.

Vor dem Aufrichten der Holzkonstruktion möglichst alle Beschläge, Winkelanker und Elementhalter an den Pfosten montieren. Die Bohrungen in den Stahlwinkeln sind nicht immer an der gleichen Stelle. Festspannen am richtigen Platz und die Benutzung als Bohrschablone schützen vor Überraschungen.

Die Bohrung (15 mm bei M12-Maschinenschrauben) durch die dicken Lagerbalken lassen sich gut mit einem preiswerten Flachfräsbohrer herstellen. Wenn das Loch der Schraube etwas Spielraum lässt, kann man die Balken genauer ausrichten.

Die Bretter für den Boden liegen auf Leisten, die in kurzen Abständen an die Lagerbalken zu schrauben sind. So gewinnt man ein paar Zentimeter mehr Kopffreiheit im Innenraum.

In der Mitte sind die Bretter ebenfalls mit einer Leiste verschraubt, damit sich die Belastung auf mehrere Bretter verteilt. Distanzleiste (20 mm dick) und Distanzklötzchen (8 mm dick) helfen übrigens, genaue Abstände einzuhalten.

Verstrebungen halten die Kammer in Form

Bevor Sie die Verbindung zwischen Pfosten und Lagerbalken verschrauben, sind die Pfosten mit

Massive Stahlwinkel (L-Anker) und Schlüsselschrauben halten die Verbindung zwischen Pfosten und Lagerbalken

Die Streben für den Windverband der Längsseite werden genau eingepasst und mit Schrauben fixiert

An den Streben der Windverbände lassen sich später die Aufhängevorrichtungen für Geräte und Werkzeuge sicher befestigen

Verstrebungen genau senkrecht zu fixieren. Dafür genügen die Packlatten vom Nivelliergerüst. Diese Verstrebungen halten das Rahmenwerk, bis alle Windverbände montiert sind.

Die für die Windverbände notwendigen Latten wie in der Zeichnung auf Seite 67 sichtbar zuschneiden, sodass sie sich auf dem Lagerbalken gegenseitig und an den Pfosten gegen die Widerlager abstützen. Lässt sich die Gerätekammer an einem festen Gebäude verankern, genügt ein Windverband an der freistehenden Seite.

An der Wandseite werden die Pfosten an der Rückseite erst mit einem Querriegel verschraubt, der dann an das Mauerwerk gedübelt wird. Ein schmales Brett, unter diesen Querriegel geschraubt, ergibt schon mal das erste Ablagebord für die Inneneinrichtung.

Anstelle der gezeichneten Lösung

(Sturmplatten aus Bausperrholz), können Sie an den Schmalseiten auch eine Verstrebung mit aufgeleimter Knotenplatte in der Mitte verwenden. Die macht zwar etwas mehr Arbeit, lässt jedoch am Eingang mehr Kopffreiheit.

Dachkonstruktion mit Reserven

Als Auflage für die Dachbretter genügen Betonschalbretter, die als Querverbindungen an die Pfosten geschraubt werden, an einer Längsseite etwa 30 mm höher als an der anderen.

Auf eine Regenrinne kann man bei der kleinen Dachfläche verzichten. Die ließe sich als schmales Alu-U-Profil jedoch auch hinter der Dachverblendung anbringen.

Anstelle der vorgeschlagenen Rauspundbretter (einseitig gehobelt

Angeschraubte Verstrebungen halten das Rahmenwerk, bis alle Verbindungen und Verstrebungen fertig gestellt sind

Nur bei einer freistehenden Gerätekammer sind auch an den Schmalseiten entsprechende Sturmsicherungen erforderlich

mit Nut und Feder) können Sie als Dachfläche auch Reste von Profilschalung oder Betonschalbretter verwenden. Die rechnerische Schneelast von 75 kp/m^2 sollte das Material aber in jedem Fall aushalten. Es darf also nicht dünner als 19 mm ausfallen, wenn die Einzelbretter mit Nut und Feder zur Fläche gefügt sind.

Für die aufgeschraubten Dachbretter genügt ein Gefälle von etwa 3%, damit das Regenwasser ungehindert ablaufen kann

Das wasserdichte Dach schützt vor Nässe

Die einfachste wasserdichte Dachhaut ist eine Kunststoff-Folienplane mit UV-stabilisierten Oberflächen. Der Schutz gegen die Ultraviolettstrahlung im Tageslicht wird durch aufgelegte Rasensoden verbessert. Gegen den Windsog muss eine Dachhaut ohnehin gesichert werden. Das könnten aber auch mit Mauersteinen belastete Bretter oder doppelseitiges Klebeband unter der Folie übernehmen. Dachpappe ist nicht teuer, aber kaum in Kleinmengen erhältlich, und sie muss mit Bitumenkleber wenigstens zweilagig verarbeitet werden. Ein notwendiger Anschluss der Kunststoffplane am Mauerwerk lässt sich einfach mit einem Dachreparaturband herstellen. Mit einer Tapetenandrückrolle kann man auch auf etwas unebenen Flächen das Band gut festwalzen. Der Übergang zwischen Wand und Dach soll keinen rechten Winkel

Auf dem kleinen Dach lohnt sich für Sie vielleicht auch der reizvolle Versuch mit einer extensiven Begrünung

Die Dachplane an den Ecken so falten und festklammern, dass sich Regenwasser nicht in der Falte sammeln kann

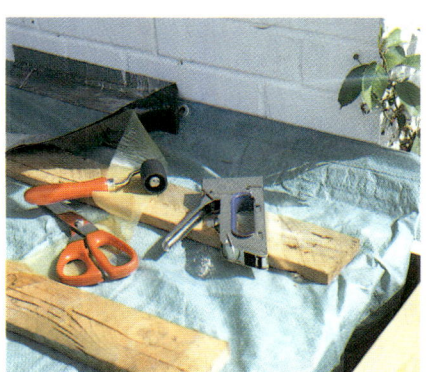

Die dicke plastische Kunststoffschicht, von einer Alufolie geschützt, klebt wasserdicht auf Fassade und Kunststoffplane

❶ Die Dachver-
blendung sollte
als oberer Ab-
schluss optisch
ansehnlich aus-
fallen

❷ Das Zugseil
verhindert, dass
sich das Türele-
ment im Lauf der
Zeit einseitig sen-
ken kann und
dann auf dem
Boden schleift

❸ Beim Befesti-
gen der Angeln
auf dem Türpfos-
ten halten einge-
spannte Klötz-
chen den gleich-
mäßigen Abstand
zwischen Tür und
Pfosten

❹ Auf 2 m² lässt
sich schon eini-
ges geordnet und
gut belüftet, aber
geschützt unter-
stellen, aufbe-
wahren und auch
überwintern

bilden. Deshalb lehnt man ein
schmales Brett unter der Plane
schräg an die Wand und fixiert es
auf den Dachbrettern. Die Plane
lässt sich darauf festklammern,
wobei die Klammern unter dem
Deckband liegen müssen.

Belüftung durch offene Seitenflächen

Nachdem die Sichtschutzelemente
als Seitenflächen montiert sind,
fehlt nur noch die Dachverblendung. Durch die Konterleisten
bleibt genügend Raum zwischen
Dachhaut und Verblendung, durch
den das Regenwasser abtropfen

kann. Damit sich die Blenden
leichter und genau waagerecht
montieren lassen, können Sie sich
vorübergehend kurze Tragleisten
an den Pfosten festspannen.
Für den Eingang wird ein schmales
Sichtschutzelement mit dem Be-
schlag für ein Gartentor verwendet.
Legen Sie die Befestigungen so,
dass sich das Zugseil an der Innenseite der Tür an den durchgehenden Schrauben befestigen lässt.

Im Gegensatz zu den Fotos von einer Gerätekammer, die sich an eine
Wand anlehnen kann, wurde für

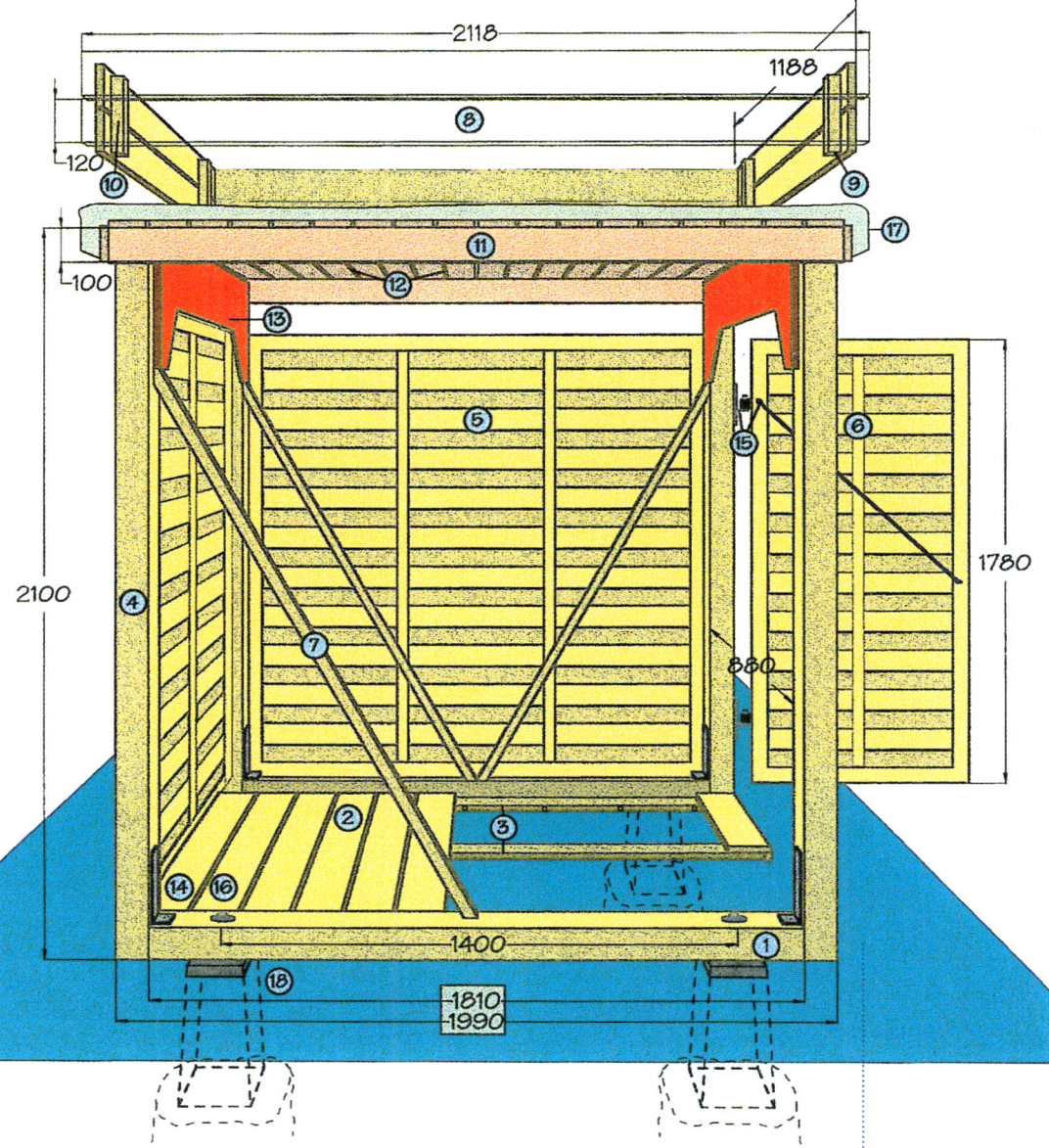

die Zeichnung die allseitig geschlossene, freistehende Variante gewählt.

Die Konstruktion ist identisch. Die zweite Längswand wird hierbei mit einem Windverband stabilisiert und mit einem Sichtschutzelement geschlossen.

Die Materialaufstellung und die Einkaufsliste beschreiben die freistehende Variante.

Die farbig unterlegten Positionsziffern in der Zeichnung finden sich auch in der Materialliste und erlauben die leichte Zuordnung der Einzelteile.

Die Belüftung durch die offenen Fugen lässt Nässe schnell abtrocknen. Gegen die Luftfeuchtigkeit schützt im Winter eine Fettschicht auf rostgefährdeten Flächen

(Abmessungen in mm, Maße in <>, d. h. bei der Montage einpassen)
Kaufhinweis: Gartenholz „Kiefer"; Elementhalter, Holzschrauben aus Edelstahl rostfrei, Beschläge feuerverzinkt.

Position		Einkauf/Zuschnitt
❶ Lagerbalken	90 x 90 x 1810 (2 St.)	2 Pfosten 90 x 90 x 2100
❷ Bodenfläche	21 x 145 x 860 (13 St.)	3 Bretter 21 x 145 x 4500
❸ Bodenleisten	21 x 35 x 1950 (3 St.)	2 Leisten 21 x 145 x 4500 aneinander setzen)
❹ Eckpfosten	90 x 90 x 2100 (4 St.)	4 Pfosten 90 x 90 x 2100
❺ Wandfläche	1780 x 45 x 1780 (2 St.)	2 Sichtblenden 1780 x 45 x 1780
❻ Wandfläche	850 x 45 x 860 (2 St.)	2 Sichtblenden 850 x 45 x 850
❼ Sturmstrebe	56 x 28 x <1890> (4 St.)	4 Latten 56 x 28 x 1890
❽ Dachblende	21 x 120 x 2118 (4 St.)	4 Bretter 21 x 120
❾ Dachblende	21 x 120 x 1188 (4 St.)	aus Brettern 21 x 120 (zur Pos. ❽) zuschneiden
❿ Konterleiste	21 x 60 x 240 (10 St.)	aus Restholz zuschneiden
⓫ Dachrand	22 x 100 x 1990 (2 St.)	2 Betonschalbretter 22 x 100 x 4200
⓬ Dachfläche	22 x 100 x 1100 (20 St.)	7 Betonschalbretter 22 x 100 x 3300
⓭ Sturmplatte	990 x 400 (2 St.)	2 Zuschnitte Bausperrholz 990 x 400 x 22

Zubehör

- 4 St. L-Anker zum Aufschrauben (siehe ⓮)
- 1 St. Torbeschlag komplett (Torscharniere, Torfalle, Spannseil, siehe ⓯)
- 4 St. Maschinenschrauben M12 x 200 mit Muttern und 8 St. 24-mm-Nietscheiben (siehe ⓰)
- 1 St. Abdeckplane, UV-stabil, 3000 x 2000 (siehe ⓱)
- 4 St. Fertigbetonsockel 400 x 200/200 (siehe ⓲)
- 4 Satz Elementhalter komplett mit Schlüsselschraube
- ca. 130 St. Senkkopf-Holzschrauben 4,0 x 40 für Dachblenden und Bodenfläche
- ca. 160 St. Senkkopf-Holzschrauben 5,0 x 60 für Sturmstreben und Dachfläche

Pergolafreisitz

Bank zum Sitzen, auffaltbar zur Liegefläche

Eingegrabene Pfosten, Montage und Bank

Wer im Sommer seine Zeit gerne im Freien verbringt, weiß den hier vorgestellten Pergolafreisitz sicher zu schätzen. Die Sitzbank muss nicht erst aufgestellt und wieder weggeräumt werden. Schön begrünt bietet ein Pergolafreisitz obendrein ein wenig Schatten und Sichtschutz gegen indiskrete Zeitgenossen.

Auf der Zeichnung auf Seite 77 sind die Maße für die Winkelkontrolle besonders hervorgehoben

Gerüst zum Einmessen

Jedes Bauvorhaben, ob Haus, Hütte, Carport oder Pergola, steht dann richtig, wenn es von einer

Markierung für die waagerechte Ebene ist, in der herkömmlichen Form, ein Nivellier- oder Schnurgerüst

waagerechten Ebene aus eingemessen werden kann. Die steht als Baugrund in der Natur leider so gut wie nie zur Verfügung. Also muss man sich die Markierungen für dieses waagerechte Niveau schaffen. Mit einem Nivelliergerüst, oder wie in der modernen Bautechnik mit einem Laser-Nivelliergerät.

Den Anfang bilden Lattengerüste in ungefähr gleichem Abstand von den vier Ecken des geplanten Bauwerks. Für den Pergolafreisitz genügen etwa 50 cm, wenn Sie eng begrenzte Pfostengruben herstellen können. Die entsprechend langen Querlatten der ersten Ecke werden an den tief in den Boden geschlagenen senkrechten Latten angeschraubt. An freistehenden Latten lässt sich schlecht etwas annageln. Die Querlatten müssen unbedingt waagerecht ausgerichtet werden.

Genau waagerecht zur Höhe dieser Latten sind die weiteren Ecken mit Querlatten zu versehen. Abstände bis 3 m lassen sich noch mit einer geraden, nach der Wasserwaage ausgerichteten Richtlatte überbrücken. Für größere Entfer-

nungen muss man eine Schlauchwaage zum Übertragen der Höhe
benutzen.

Richtschnüre als Bauwerksgrenze

Über die Querlatten spannt man
für jede Seite eigene Maurerkor-
deln, mit Steinen an den Enden als
Spanngewicht. Die Kordeln sind
nach den Seiten frei beweglich –
man kann die Begrenzung des Bauwerks genau einrichten.
Zunächst ist jedoch der genaue
rechte Winkel zwischen zwei Begrenzungen zu finden. Dazu markiert man an den Kordeln Längen
im Verhältnis 3 zu 4. Für die Pergola wurden zum Beispiel gleich
die Abstände „Außenecke bis
Außenecke" der Eckpfosten gewählt. Der rechte Winkel stimmt
dann, wenn die Diagonale dem Verhältnis 3 zu 4 zu 5 entspricht.
Es ist sinnvoll, die Kordeln an den
gefundenen Positionen in kleine
Einschnitte zu legen, damit man sie
zum Beispiel für die Erdarbeiten
entfernen kann, ohne die genaue
Position zu verlieren.

Pfostengruben

Für die Pfosten sollten die Gruben
möglichst eng werden (Seite 44/45).
Je kleiner die Grube, desto weniger
Aushub und neuer Kies ist nötig.

**Am Handbagger lässt sich die Öffnungs-
weite mit einer Kette festlegen; dadurch
wird der Grubendurchmesser begrenzt**

Mit einem Erdbohrgerät erreichen
Sie mit 15 cm den geringsten
Durchmesser. Mit einer Bohrerver-
längerung kommen Sie auch tiefer
als die für eingegrabene Pfosten
erforderlichen 80 cm. Und das ist
erheblich tiefer, als ein Männerarm
reichen kann.
Mit einem Handbagger (auch Baggerspaten oder Doppelklappspaten
genannt) wird die Grube etwas
größer, falls keine größeren Steine
oder große Brocken vom Bauschutt
im Weg liegen.
Pfosten für Bauwerke wie Pergolen
oder Carports müssen korrekt auf
einer genau waagerechten Ebene
stehen. Das erreichen Sie, wenn die
Sohlen aller Gruben genau gleichen Abstand zu den Richtschnüren haben. Eine etwa 10 cm dicke,

Ausgehobene
Gruben sollte
man vorsorglich
abdecken. In
gesammeltem
Regenwasser —
es braucht Tage,
um zu versickern
— kann man
weder Geröll
feststampfen
noch Füllkies
verdichten

**Sticht man die
durchwurzelte
Grasfläche zuerst
rund um einen
Pflanzencontai-
ner aus, lassen
sich engere Gru-
ben ausheben**

Eine Markierung mit rotem Klebeband am Pfosten erleichtert die Kontrolle des Abstands zu den Richtschnüren

Freigelegte Flächen müssen imprägniert werden

Die Gitter werden durch Trennung der einzelnen Leisten verkleinert

festgestampfte Schicht grober Kiesel kommt auf den Grund der Grube. Das ist gleichzeitig eine gute Dränage.

Fertigteile als Bauteile

Für eine doppelreihige Pergola mit besonderem Abstand zwischen den Sattelbalken verwendet man Fertigteile auch als Reiterbalken. Diese greifen mit Aussparungen an der Unterseite über die Sattelbalken. Alle Ausschnitte werden möglichst gleichzeitig an den dicht aneinander gelegten Hölzern 68 mm breit und 25 mm tief angezeichnet, die Begrenzungen eingesägt und das übrige Stück mit dem Stecheisen ausgestemmt. Zuerst sticht man eine Seite etwa 5 mm tief vor und stemmt dann von der anderen Seite den Rest aus.
Die Enden der Hölzer werden um 15 Grad schräg abgesägt und die Kanten angefast (abgeschrägt), damit das Regenwasser später besser ablaufen kann. Diese Form wählt man auch wegen des besseren optischen Eindrucks.
Die hier verwendeten Sichtschutz- und Rankgitter sind in der Kreuzverbindung verleimt. Deshalb lassen sie sich vom Standardmaß im 110 mm Raster auf das gewünschte Maß verkleinern. Die Schnittkanten werden den Leisten entsprechend wieder angeschrägt und die

Zum Herstellen der Aussparungen spannt man mehrere Hölzer zusammen und führt die Feinsäge entlang einer Leiste

Die feste Unterlage darf beim Stemmen der Aussparungen an den Reiterbalken nicht federn

Flächen imprägniert. Alle Elementhalter für die Gitter werden vorab an den Pfosten montiert.

Schrauben für alle Verbindungen

Zum Richten werden die Pfosten in die Gruben gestellt und so nach den Seiten hin abgestützt, dass sie im Lot stehen – ihre Ausschnitte am oberen Ende bil-

Es erleichtert das Richten, wenn man die schmalen Seitenteile komplett, aber genau winkelrecht vormontiert

Zum Anschrauben der Streben spannt man auf den Sattelbalken ein ähnliches Stück als Widerlager für die schräg angesetzte Zwinge

den eine Reihe. Dann können Sie die Sattelbalken in die Ausschnitte legen und sie verschrauben. Zunächst legt man nur einige Reiterbalken lose als Abstandhalter auf die Seitenrahmen. Sie werden nach dem Ausrichten in gleichmäßigen Abständen mit Schrauben auf den Sattelbalken befestigt. Besonders an den kurzen Streben muss man die Schraublöcher sehr sorgfältig ausmessen, anzeichnen, vorbohren und ansenken. Wer sich

auf das Augenmaß verlässt, gerät mit den schräg einzudrehenden Schrauben leicht an die falsche Stelle. Wenn man die Strebe mit Schraubzwingen festspannt, lässt sie sich exakter montieren.

Füllen der Pfostengruben

Sind die hauptsächlichen Einzelteile miteinander verbunden, wird das ganze Gerüst nach Lot, Länge und Breite ausgerichtet und mit über Kreuz festgespannten Hilfslatten fixiert. Das kann eine Weile dauern, wenn Sie Wert auf sehr korrekte Ausrichtung legen. Erst wenn das Gebinde zu Ihrer Zufriedenheit steht, werden die Gruben gefüllt. Mit ein paar groben Kieseln fixiert man zunächst die Pfosten in der Grube nach allen vier Seiten. Beim Verdichten kann man sonst den Pfosten mit dem

Beim Fixieren der Konstruktion gleichzeitig darauf achten, ob die Pfosten fluchten, das heißt exakt hintereinander stehen

Soll der Pfosten von Gras umschlossen werden, schützt ein Streifen aus Teichfolie das Holz zusätzlich

Notfalls genügt für diese kleine Pergola auch Aushub aus Sand und Steinen als Füllboden

Die Alternative: Einschlaganker

Für leichte Bauwerke ohne Dach oder geschlossene Wände, wie Pergolen oder Zäune, kann man für die Gründung auch Einschlaganker verwenden, sofern im Untergrund keine Hindernisse vorhanden sind. Höhere Materialkosten werden durch den geringeren Aufwand bei den Grabungsarbeiten wieder wettgemacht.

An der exakten Position für den Anker wird mit Pflanzschaufel oder Zwiebelpflanzer ein ganz enges Loch für die senkrechte Führung vorgegraben. Zum Eintreiben lässt sich ein schwerer Granitpflasterblock besser handhaben als ein Vorschlaghammer. Als Schlagschutz im Pfostenschuh sollten Sie auf jeden Fall passende Kantholzabschnitte oder den zum Anker passenden Kunststoffklotz verwenden. An Einschlagankern mit verstellbarem Schuh auf dem Schaft können Sie die lotrechte Ausrichtung noch nachträglich korrigieren. In seitlicher Richtung lassen sie sich nicht verstellen. Übrigens: für den Preis eines Handbaggers können Sie schon zwei Einschlaganker kaufen.

Eine Betonfüllung erscheint zwar als die stabilere Füllung. Das Holz würde jedoch den Betonmantel um den Pfosten sprengen und durch Frost können bald größere Zwischenräume entstehen

Stampfer wieder in eine falsche Stellung drängen. Deshalb wird die Füllung anfangs jeweils an den gegenüberliegenden Seiten der Pfosten nur wenig festgestampft.

Die perfekte Füllung der Grube erreichen Sie mit grobem Mörtelkies aus gewaschenem Grubensand. Der lässt sich am besten verdichten, sodass der Pfosten fest im Erdreich steht. Die Füllung bleibt jedoch porös genug, dass Regenwasser schnell versickern kann.

Bank als Sitzplatz oder Liegefläche

Eigenbauten bieten immer die Möglichkeit von zusätzlichem Nutzen, den man so nicht kaufen

kann. So lässt sich die Bank für diesen Freisitz wie ein Leporello zur Liegefläche auseinander falten.

Das Konstruktionsprinzip ist einfach. Als Gelenk ist lediglich

Die Bretter der Liegefläche werden auf ebenem Boden mit je 10 mm Abstand – die Außenkanten rechtwinkelig zueinander ausgerichtet – aneinander gelegt

eine Schraubenverbindung (siehe Seite 17) an den Enden der Verbindungsleisten erforderlich. Die Maße in der Zeichnung auf Seite 76 sind jedoch besonders genau einzuhalten. Die Leisten kann man an den Enden exakt abrunden, oder auch wie ein halbes Sechseck mit der Seitenlänge 18 mm formen. Dadurch werden die Leisten um insgesamt 5 mm kürzer. Schrauben im Holz neben der Bohrung für die Achsen geben der Leiste mehr Halt.

Für den Zusammenbau der Bank-/ Liegefläche verbindet man erst die Gelenkleisten miteinander und verschraubt sie dann auf den Brettern. Wenn Sie in einem derartigen Fall zum Beispiel die Leisten auf- und zusammenspannen, genügt es, die Schraubenbohrung mit dem Senker zu kennzeichnen, um die Schraube ohne Vorbohren einzudrehen.

Falls Sie sich nicht ganz sicher sind, ob die Geometrie und die Abstände der Gelenkleisten genau stimmen, empfiehlt sich erst einmal ein provisorischer Zusammenbau der Bank. Dabei muss man

Je nach Lage des Liegenträgers als Unterlage bekommt die Sitzfläche eine etwas größere Neigung nach hinten

Der Drehpunkt für die Verbindung zwischen Bank und Querträger wird am besten anhand der Situation vor Ort kontrolliert oder festgelegt

Als zusätzliche Dekoration sind die beiden ausgesägten Herzen in der Rückenlehne gedacht — sie geben der Bank ein charmantes Gesicht

und einem rechten Winkel. So erhält man genaue Markierungen für den Sägeschnitt.

Unterkonstruktion für die Liegefläche

Die Träger für die Liegefläche werden an einem Ende lose von den aufgeschraubten Stützklötzen auf dem Längsträger gehalten. Als Standfläche für die Beine baut man zuvor zwei Klinkerplatten auf einem festgestampften Kiesbett in die Grasfläche ein, sodass sich das Gras noch ungehindert mähen lässt. Einer der Liegenträger dient flach oder hochkant auch als Unterlage für die Sitzfläche der Bank. Das Brett an der Vorderkante der Liegefläche ist 1550 mm lang. So wird die eingeklappte Fläche an den überstehenden Enden von den Querträgern gehalten.

Die Befestigung der Trägerbeine muss man vor Ort ausführen, da auch eine nur kleine Bodenfläche kaum waagerecht ist

Quer- und Längsträger in jedem Fall nach der Wasserwaage ausgerichtet anbringen und die Bank probeweise an der Pergola montieren.

Die Herzen sollten Sie vor dem Zusammenbau aussägen und die Ränder mit Schleifpapier abrunden. Eine Schablone aus Graupappe erleichtert das Übertragen der einfachen Konturen aus zwei Kreisen

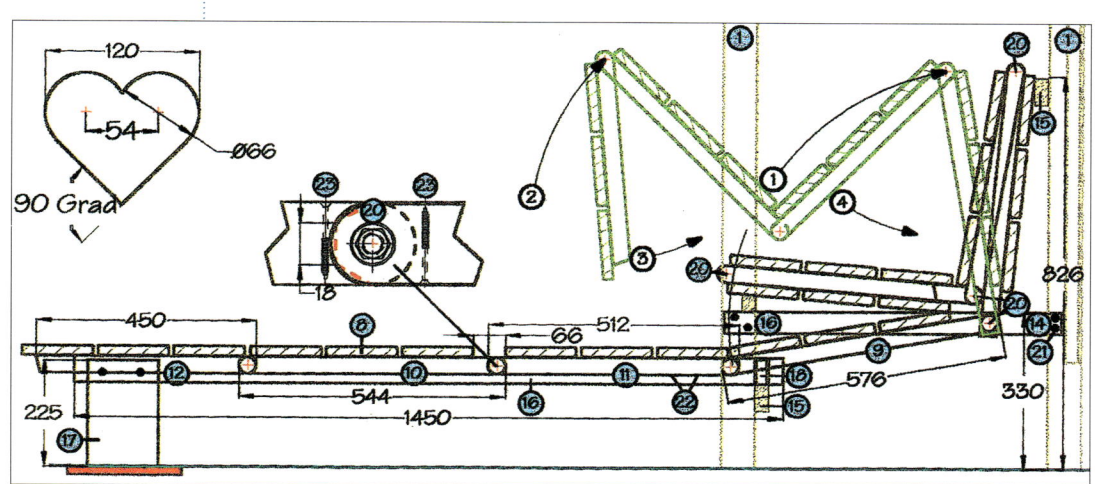

Neben den wichtigen Längenmaßen zeigt die Zeichnung auch Details der Funktion

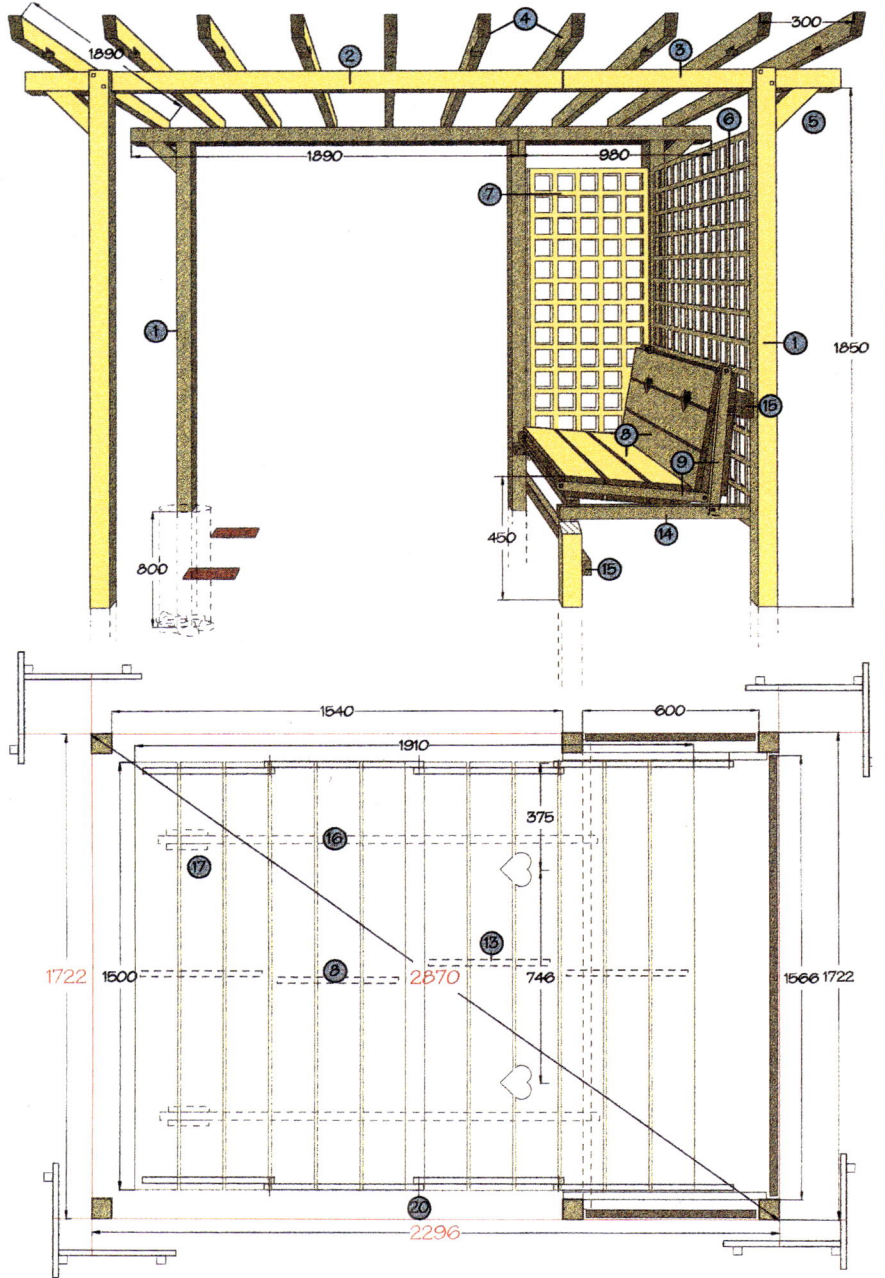

Je nach Bodenun-
ebenheit sollte
man von dem
Mittelwert von
450 mm für die
Sitzhöhe mög-
lichst wenig
abweichen

(Abmessungen in mm)
Kaufhinweis: Gartenholz „Kiefer"; Elementhalter, Maschinenschrauben, Unterlegscheiben, Muttern und Holzschrauben aus Edelstahl rostfrei.

Position						Einkauf/Zuschnitt
❶ Pfosten	68	x	68	x	2700	(6 St.)	6 Pfosten 69 x 68 x 2700 mm
❷ Sattelbalken	45	x	70	x	1890	(2 St.)	13 Balken 45 x 70 x 1890
❸ Sattelbalken	45	x	70	x	980	(2 St.)	aus Balken 45 x 70 zuschneiden
❹ Reiter	45	x	70	x	1890	(10 St.)	aus Balken 45 x 70 zuschneiden
❺ Strebe	45	x	70	x	220	(4 St.)	4 Streben 45 x 70 x 220
❻ Gitter	26	x	1790	x	1790	(1 St.)	1 Gitter 26 x 1790 x 1790
❼ Gitter	26	x	575	x	1790	(2 St.)	2 Gitter 26 x 575 x 1790
❽ Bankfläche	21	x	145	x	1500	(11 St.)	5 Bretter 21 x 145 x 4500
	21	x	145	x	1550	(1 St.)	aus Brettern 21 x 145 x 4500 zuschneiden
❾ Gelenkleisten	21	x	35	x	576	(2 St.)	2 Leisten 21 x 35 x 3000
❿ Gelenkleisten	21	x	35	x	544	(2 St.)	aus Leisten 21 x 35 x 3000 zuschneiden
⓫ Gelenkleisten	21	x	35	x	512	(2 St.)	aus Leisten 21 x 35 x 3000 zuschneiden
⓬ Gelenkleisten	21	x	35	x	450	(2 St.)	aus Leisten 21 x 35 x 3000 zuschneiden
⓭ Mittenleisten	21	x	35	x	800	(4 St.)	aus Leisten 21 x 35 x 3000 zuschneiden
⓮ Querträger	28	x	56	x	720	(6 St.)	5 Latten 28 x 56 x 1890
⓯ Längsträger	28	x	56	x	1630	(2 St.)	aus Latten 28 x 56 zuschneiden
⓰ Liegeträger	28	x	56	x	1560	(2 St.)	aus Latten 28 x 56 zuschneiden
⓱ Trägerbeine	21	x	145	x	225	(4 St.)	aus Brettern 21 x 145 x 4500 (für Pos. ❽) zuschneiden
⓲ Stützklötze	26	x	46	x	120	(4 St.)	aus Latten 28 x 56 (für Pos. ⓮) zuschneiden

Zubehör

- 12 St. Elementhalter komplett mit Schlüsselschraube (siehe ⓳)
- 8 St. Maschinenschrauben M5 x 60 mit 24 Unterlegscheiben, 16 Muttern zum Kontern (siehe ⓴)
- ca. 60 St. Senkkopf-Holzschrauben 5,0 x 60 für Pergolakonstruktion (siehe ㉑)
- ca. 80 St. Senkkopf-Holzschrauben 4,0 x 50 für Bankfläche/Gelenkverbinder (siehe ㉒)
- ca. 20 St. Senkkopf-Holzschrauben 4,0 x 30 für Gelenkverbinder (siehe ㉓)

Register

Im FALKEN Verlag sind zahlreiche Titel zum Thema „Do it yourself"
erschienen.
Sie sind überall erhältlich, wo es Bücher gibt.

Dieses Buch wurde auf chlorfrei gebleichtem und säurefreiem
Papier gedruckt.

Der Text dieses Buches entspricht den Regeln der neuen deutschen
Rechtschreibung.

ISBN 3 8068 1833 9

Umschlaggestaltung: Elisabeth Berthauer
Umschlagfoto: KONTRAST foto design, Frankfurt am Main
Layout: Lohse Design, Peter Lohse, Büttelborn
Redaktion: Konrad Haase/Jürgen Knöppler
Fotos und Zeichnungen: Dietrich Engelhard, Tangstedt, mit Ausnahme
von S. 6 (**Osmo Gard**, Münster)

Die Ratschläge in diesem Buch sind vom Autor und vom Verlag sorgfältig
erwogen und geprüft, dennoch kann eine Garantie nicht übernommen
werden. Eine Haftung des Autors beziehungsweise des Verlages und seiner
Beauftragten für Personen-, Sach- und Vermögensschäden ist ausgeschlossen.

Produktion und Satz: VerlagsService Dr. Helmut Neuberger
& Karl Schaumann GmbH, Heimstetten
Druck: Druckerei Ernst Uhl, Radolfzell

817 2635 4453 6271